カ

# 弱者はもう救われないのか

GS
幻冬舎新書
344

弱者はもう救われないのか／目次

## 第5章 そもそもなぜ救わなくてはいけないのか

# 序章　私たちがいま手放そうとしているもの

## 欧米に比べて日本は遅れていなかった

歴史教科書で名高い山川出版社から出版された『もういちど読む山川日本近代史』（鳥海靖著、2013）は、「イデオロギー史観」など一元的な歴史認識に陥ることなく、明治維新以降を「事実を事実として多角的に歴史を直視する」という視点で書かれた、〝おとなのための教科書〟だ。

その序文では、戦後、長らく続いてきた日本近代史への否定的な理解・評価は、さまざまな誤解に基づいていたことが説き明かされる。たとえば、「人権宣言で自由と平等をうたいあげたフランスに比べて近代日本は遅れていた」という言い方がよくされる。しかし、資料を客観的に見ると、明治憲法の制定後、最初の衆議院総選挙での有権者の対人口比率は1・1％強で、フランスの7月革命後の選挙における有権者比率0・6％をすでに上回っている。「西欧は進んでいる」というのはあまりに観念的な理解だと言うのだ。

また、同書は、歴史を振り返る上で、「今日《こんにち》的価値」を基準にするのも誤解のもとだと述べる。19世紀後半から20世紀初頭にかけて近代国民国家の建設を進めた日本にとってもっとも重要な目標は、何といっても「国家の維持と強化」を目指すことだった。「それは、『平和』『民主主義』『人権』などを最重要視する第二次大戦後の価値基準と必ずしも相容れないことは確か」だが、だからと言ってその時代をただちに否定的に評価することは必ずしも妥当とは言えない、と短絡的な理解を戒める。

とはいえ、この〝おとなのための教科書〟の目的は「事実を事実として歴史を直視する」ことなので、後の章でも触れる「新しい歴史教科書をつくる会」のように近代日本のすべてを肯定的に評価しているわけではない。性急な近代化は「内外ともに多くの『副作用』を生み出すことにもなった」との指摘もある。同書で述べられている内容が完璧な客観的事実かどうかは別として、いわゆる〝右〟とか〝左〟とかいうイデオロギーからなるべく身を離し、中立的な立場で編もうとされたテキストであることは認めてよいだろう。

## 急速な近代化の「副作用」

さて、その「副作用」についてであるが、明治中期以後のすさまじい資本主義の発達について書かれた章には、「社会問題の発生」という項がある。この時期、工場制工業が盛んになり、賃金労働者が急増したのは周知の事実であるが、同書にはこう書かれている。

これらの労働者は、同時代の欧米諸国に比べると、はるかに低い賃金で長時間の過酷な労働に従事し、また悪い衛生状態・生活環境におかれるなど、労働条件は劣悪であった。

繰り返すが、同書は何でも「欧米に比べて日本は遅れている」と決めつける考え方を冒頭で否定している。それにもかかわらず、この時期の労働者は欧米に比べて著しく劣悪な環境に置かれていた、と記されているのである。その箇所で用いられている資料は、横山源之助著『日本之下層社会』（教文館／1899）や国立国会図書館が所蔵する『風俗画報』で描かれた東京の貧民街の図絵などである。
さらに同書は、次のようにも言う。

東京や大阪のような大都市では、下層民が集中して住む貧民窟（スラム）が出現し、貧困や衛生状態の劣悪化などが深刻化した。

この時期、日本に「極貧階層」が生まれた経緯やそこでの人々や暮らしなどについては、紀田順一郎氏の『東京の下層社会』（新潮社／1990／現在はちくま学芸文庫）にくわしい。

先にあげた山川出版のテキストは「歴史を今日的価値で振り返るな」と戒めるのだが、そう言われてもどうしても気になることがある。それは、こういった「劣悪環境の労働者」や「極貧階層」の出現に対し、当時の政府や識者たちはどう考え、どういう対策――それこそ〝今日的〟な言葉を使えば、社会福祉政策ということになろうか――を講じたのか、ということだ。

## 労働者もスラムも「目に入らなかった」

その問いへのきわめてシンプルな答えは、実はすでに明らかになっている。それは、驚くべきことに「いっさい何もしなかった」だ。なぜなのか。先に触れたように国が一丸となって「国家の維持と強化」ばかりを考えていたからか。その説明は、間違いではないが正確とも言えないようだ。先にあげた紀田氏の著作から引用しよう。

明治中ごろまでの識者一般にとって、スラムというものはまったく視野の外にしかなかった。江戸時代後期の諸家の論策を見ても、都市の貧民街やその対策を論じた者がほとんど皆無というおどろくべき一事がある。

労働者やスラムの住民はあえて切り捨てられたのではなく、そもそも「目に入っていなかった」のだ。その点についての紀田氏の理解は次の通りだ。

無論、実在していたスラムが物理的に人々の目につかないわけがない。おそらくそれは別世界——自分たちの人生にまったく関わりのない世界として認識されていた。ちょうど生物学者たちが人と関係が薄い生き物を研究対象としないように、である。

だとしたら、彼らに手を差しのべようとか救済しなければならないといった発想が生まれないのは、ある意味で当然かもしれない。

しかし、彼らはもちろん、本来は「人と関係が薄い生き物」などではない。「深海に住む見たこともない魚は研究のしようもない」というのとはわけが違う。工場での労働力として要請されて地方から都会に出てきて、常識では考えられない低賃金からあっという間に生活が成り立たなくなり、スラムに住まざるをえなくなった男女も大勢いたはずだ。そういう意味では、近代化の犠牲者とも言える。

自らは望まずして外的な要因により貧困、失業、不健康、家庭崩壊、生活苦、孤立などに追い込まれ、再び自力で浮かび上がることが困難な状況にまで、社会の底辺に沈んだ人。その人たちをここでは「社会的弱者」と呼びたいと思うが、ときの社会では彼らが「弱者」であり、さらには「社会的な状況が生んだ人たち」であるということは、誰にも気づかれなかったというのだ。

## あえて救済しないという「弱者切捨て思想」

とはいえ、そういった社会的弱者が都市部で増加し続けると、さすがの政府や行政も「目に入らない」と無視するわけにもいかなくなったようである。だが、明治20年代の東京都（当時は東京府）が打った手は救済対策とはほど遠く、貧民窟付近の土地をいったん買い上げて低所得者には貸さないという「スラムクリアランス事業」（紀田氏の著作より）だった。紀田氏はそれを「ただ布団の埃を叩き出すように〝散布〟してしまえばいいという感覚」と言う。

実は、この感覚は富国強兵を至上命題としていた明治時代に限られたことではなく、その後、戦後の新憲法成立直前に至るまで生き続けた、というのが紀田氏の考えだ。その基本になったのは、今度は「目に入らなかった」ではなく、「貧しい者に援助の手を差しのべることがかえってその独立心をそぐことになるため、社会政策上きわめて有害である」という理屈だ。もちろん、「弱者のためにもあえて救済しない」というのはもちろん一種の口実であり、その背景にあるのは「弱者切捨て思想」（紀田氏）であった。ただ、そんな「福祉暗黒時代」（紀田氏）にも、いち早く福祉事業、社会救済事業に乗り出そうとする人たちもいた。山川出版のテキストにはこうある。

民間でこうした問題と取り組んで、山室軍平の救世軍などキリスト教団体による社会救済事業が活発に展開された。また、矢島楫子らのキリスト教婦人矯風会は、公娼制度の廃止と女性の更生補導をめざして（廃娼運動）、その生活改善の運動を進めた。

つまり、明治から大正初期にかけて最初にシステムとしての社会福祉にいち早く取り組んだのは、キリスト教的人道主義に目覚めた人たちだったのだ。また、先の紀田氏の著作には、明治24年にロシア皇太子が来日した際、政府が当時、乞食と言われた人たちを一カ所に収容して外出させないという措置を取ったのだが、そのために用意された資金の残りを、その後、実業家の西村勝三らがいわゆる低所得者層向け福祉施設の設立に使うよう、運動したというエピソードも紹介されている。

しかし、こういった動きが民間のレベルを超えて公的な救済事業へと成熟していくのは、ずっと後の話なのである。

## 自前の「弱者救済」を実現しようとした戦後日本

後の章でもくわしく述べるように、本人の意思とは言えない何らかの事情で社会的弱者という立場に陥る人たちは、人間の歴史が始まって以来、ずっと存在していた。もちろん、近代以前には政策としてその人たちに救済の手を差しのべるシステムもなく、明治の日本以上にすさまじい無視、切り捨てが行われていた時代、社会もあるだろう。

とはいえ、これも後で触れるように、そういう中でも人はときには宗教の教えから、ときには共同体意識からさまざまな知恵を借り、それなりに「助け合い」につとめてきたのではないかと思われる。

それが、とくに日本では、近代において都市とそこに暮らす低賃金の労働者や作業員が出現して急速に増加し、一方、国家は自身の強大化と繁栄だけを見ていた結果、かつてなかった規模で「社会的弱者切り捨て」が行われることになった。そこまで長い時間をかけて醸成された「助け合い」の文化は一度、完全に崩壊し、欧米から〝輸入〟されたキリスト教的人道主義者による再構築を待つしかなかった。

だからこそ、第二次大戦後の民主主義社会においては、とくに社会福祉政策に力が入れられてきたのではなかったか。それは単なる欧米の真似などではなく、自分たちの社会が明治、大正、そして昭和の敗戦まで、約80年にわたって行ってきた「切り捨て」への深い反省に基づくものであったはずなのである。

社会的弱者の「切り捨て」の反対は何と言うべきか。最近、福祉の世界では「包摂(inclusion)」という用語がよく使われているが、一般にはまだあまりなじみのない言葉だ。やや正確さを欠くかもしれないが、本書ではそれを「救済」と呼ぶことにした。明治時代の「救済」は、キリスト教者や慈善の心を持つ一部の実業家によって行われたが、戦後のそれはあくまで自分たちの社会の共通認識として、外国からの借りものではなく自主的に行いたい、と誰もが思ったはずである。

そして、その「社会的弱者の救済を」という認識は福祉政策の実現にとどまらず、募金運動など民間のさまざまな運動を後押しし、無数のNPO活動につながった。あるときは職場で、またあるときは地域での、制度化されない「助け合い」の雰囲気もすっかり根づいた感があった。

## 生活保護「不正受給」バッシングの背後で起きていたこと

ところが、それからさらに70年がたとうとしているいま、再び状況が大きく変わりつつある。

ひとことで言えば、日本は再び「弱者切り捨て」の社会に戻ろうとしているかのようだ。

2012年、人気芸能人の母親が生活保護を受給していることがわかり、「不正受給」だとしてテレビの情報番組で連日、取り上げられ、国会の予算委員会で自民党議員によって追及されるほどの大騒動となった。その芸能人は、母親は実際に現在も生活が苦しいこと、子どもによる扶養の義務や受給の基準について知らず、意図的な受給でないとした上で、記者会見で謝罪し、これまで受給した金額を返還するつもりだと述べた。

しかし、その記者会見にも「最初から詐欺のつもりだったのだろう」といった批判の声が殺到した。その芸能人はしばらく活動を自粛せざるをえなくなり、雑誌の記事などによると、問題発覚から2年以上がたったいまでも、出演した番組には「あんな奴を出すな」「テレビで見たくない」などの厳しい視聴者からの声が届くという。

それから、「生活保護の不正受給」という問題があちこちで取りざたされるようになり、ネットを中心に「甘えだ」「依存している」という声が高まった。さらには自民党に「○○氏も不正受給では」といった情報が寄せられると、ツイッターで「調査を依頼しました」などと答える国会議員がいるなど、受給に対して厳しい目が向けられるようになった。

ただ、この流れじたいは、芸能人家族の受給問題によって始まったものではない。この問題が最初に女性週刊誌に実名を伏せて取り上げられたのとほぼ同時期に出た自民党発行の情報誌には、ちょうど「生活保護」の問題が取り上げられている。一部を引用させてもらおう。

自民党は、自助・自立を基本に生活保護を見直し、制度の信頼を取り戻します。自民党の社会保障政策は、まず自助・自立が基本です。個々人が国に支えてもらうのではなく、額に汗して働く人が報われる社会を目指しています。生活保護政策についても、自助・自立を基本に共助・公助を付加するという視点から、生活保護の見直しを実現します。そして、生活保護を最後の安全網として真に必要な人に行きわたる制度として機能させ、国民の信頼を取り戻します。

（『The JIMIN News』160号／2012年4月16日）

弱者を救済するための「社会保障政策」であるのに、その基本が「自助・自立」というのはそれじたい、矛盾しているのではないだろうか。先に述べたように、社会的弱者とは自らの意思でそうなったわけでもなく、自分の力だけではその状態を脱することができない人たちであり、もし「自助・自立」が可能であるなら、それだけで生活保護などの社会保障政策の対象ではなくなるはずだからだ。

これは、単に自民党が内部の情報誌で意気込みを語ってみた、というだけにはとどまらない。２０１３年12月には実際に国会で改正生活保護法が成立し、２０１４年７月１日から施行される運びとなった。現在（本書を執筆している２０１４年４月時点）は、省令案など運用の実際にかかわる部分の検討が行われている段階である。全体で生活保護予算の１割削減が目指されているので、受給のハードルは上がり、受給額は実質的に引き下げられることは間違いない。

## 私たちがいま手放そうとしているもの

もちろん、こういった動きだけで「明治期の福祉暗黒時代に逆戻りか」と結論づけるのはあまりに乱暴だろう。

しかし、生活保護の問題をとっても、受給者に寄せられる「甘えだ」という批判、政権与党である自民党の「国に支えてもらうのではなく、額に汗して働く人が報われる社会」といったヴィジョンが、紀田氏が明治の日本政府に見た「貧しい者に援助の手を差しのべることがかえってその独立心をそぐことになるため、社会政策上きわめて有害である」という考え方とまったく重なって見えるのは、単に私の錯覚だと言えるだろうか。

たとえば、内閣府発行の平成25年度版「子ども・若者白書」には、「子どもの相対的貧困率は1990年代半ば頃からおおむね上昇傾向」「就学援助を受けている小学生・中学生の割合も上昇傾向」「OECDによると、2000年代半ばにおいて、我が国の子どもの相対的貧困率はOECD加盟国30か国中12番目に高く」といった言葉が並ぶが、私たちはそれをどう受け止めるべきなのか。

なぜ、日本は戦後、国民の総意により、努力を重ねてようやく手に入れた自前の「社会的弱者救済社会」をここに来て安易に手放そうとしているのか。その先にあるのは、いったいどんな社会なのか。

また、近代の暗黒時代にも「困窮者に手を差しのべなければ」と考え、行動に移した人たちは、単なる宗教的義務感からそうしたのだろうか。

困難な作業になることは目に見えているが、これから考えてみることにしたい。

# 第1章

# 「社会的弱者」への思い

## ――私の場合

## 遅れる者を振り返って待った「見返り阿弥陀」

個人的な思い出話からこの章を始めることを、お許し願いたい。

私の父親はすでにこの世を去ったのだが、とくに晩年の15年ほどは毎年のように、父娘で国内外を旅行する機会を持てた。どちらかというと寡黙な父だったのだが、なんとなく気が合う感じがしたのだ。その旅の1回、京都を訪れたときのことであった。

当初の予定にはなかったのだが、地元の観光タクシーにすすめられて禅林寺というお寺を訪れることになった。そこの永観堂というお堂に、有名な「見返り阿弥陀」がある、というのだ。

その阿弥陀如来像は高さ80センチと小ぶりのものだが、左斜め後ろをひょいと振り向くという珍しい姿をしていた。その顔は何とも言えないやさしさに満ちている。タクシードライバーの説明してくれた話は次のようなものであった。

「阿弥陀如来は当初、正面を向いておられた。あるとき、その寺の僧であった永観が念仏を唱え修行していると、ふと阿弥陀如来が壇を降り、永観を先導するようにして、行道された。驚いた永観が足を止めると、阿弥陀如来は振り向いて『永観遅し』と言われた。それ以来、見返りの姿のままに、本尊として奉安されることになった。自分についてこられず遅れる者も振り返って待つ、という阿弥陀如来の弱い人々への気配りが表れている」

するとと父は小さな声で、「あなたみたいなものだね」とひとこと、私に囁《ささや》いた。父が何を言いたかったのか、それはいまではわからない。ただ私は勝手に、いわゆる社会的弱者と呼ばれる人たちを忘れずにいたい、という日頃の私の思いを父は知っており、それを評価してくれている、と解釈した。父のその言葉と「見返り阿弥陀」の柔和な姿は、いまでも私の心を深いところで支えている。

## 穏やかだった私の父、娘を殴る患者さんの父

しかし、もし父が言ったように私に「見返り」という性質が備わっているのだとしても、それは決して私が慈悲の心を持っているからとか、とりわけやさしい人間だからとかいう理由によるものではない。

では、なぜか。その理由のひとつは「精神科医」という自分の職業の影響、そしてもうひとつはやはり、1960年生まれで北海道小樽市で育ったからという時代と場所の影響であろう。

まず、職業の影響のほうから考えてみたい。

精神科の診察室にいると、この世界はなんと理不尽で不平等か、と思い知らされることが多い。先ほど私はあえて、自分の父親の話をした。「父とは毎年、旅行に行く」「私は父に理解してもらっている」などとも語ったが、これは世間一般の感覚で言えば、必ずしもあたりまえではないことは知っているつもりだ。父の生前、「今年はいっしょにニューオーリンズに行く」などと、当時、40代の娘と70代の父とのふたり旅の計画を友人に話すと、「うらやましい」とも「気の毒に」ともつかない複雑な表情をされることがよくあった。おそらく不思議に思われたのだろう。

まして、診察室で患者さんたちから語られる父親の姿と私の父は、まったくと言ってよいほど違う。患者さんたちが父について語るのは、「子どもの頃、毎日、殴られた」とか「いまも大嫌い、早く死ねばいいと思っている」とか「また借金を申し込まれた」

といった話をするときだ。

この違いは単なる偶然によるもので、私の努力で手に入ったものではない。たまたま私の父親は穏やかで私とも気が合う人で、目の前の患者さんの父親は大酒飲みで平気で娘を蹴り飛ばすような人だった、というだけのことだ。

## 恩恵を被っていることへの違和感

しかし、この単なる偶然による違いがもたらす影響は、あまりに大きい。あいち小児保健医療センターに「子ども虐待専門外来」を開設した精神科医の杉山登志郎氏は、著作や論文などで繰り返し、子ども虐待によって生じる後遺症の重篤さについて述べている。親からわが子への虐待は「愛着障害」と「複雑性トラウマ」という深刻な病態を引き起こし、それがその子の一生に大きな影響を与え、場合によっては脳にも器質的、機能的な変化がもたらされる。

たとえば父親に性的な虐待を受けた娘は、おとなになってからむしろ露出の多い服装をして異性を性的に誘惑せずにはいられなかったりする。これは虐待の後遺症であり、決して本人が好きでやっていることではない。

ただ、トラウマの振り返りや処理はたいへんむずかしく、なかなか一般外来の決められた時間枠ではそこまで至らない。そうすると私は主治医としては、「知らない人と性的交渉を繰り返して性病になったらたいへんですよ」といった脅しめいた凡庸な注意しかできず、我ながら情けなくなる。しかし、考えれば考えるほど、その人には私ごときに「またホテルへ？　もうやらないって約束したじゃないですか」などと説教され、「すみません」と謝らなければならない理由などまったくないのである。

なぜ父親と楽しい旅行に繰り返し出かけた私が「それじゃダメですよ」などときつい口調で注意し、思春期になっても父親が浴室を黙って開けてのぞきに来たというその人が「ごめんなさい」と身を小さくして頭を下げなければならないのか。「じゃ、今回だけ強い安定剤を出しますから、衝動が強くなったら飲んでくださいよ」と高飛車な口調で処方する私に、なぜその人が「ありがとうございます」と頭を下げ、さらに受付で診察代を支払わなければならないのか。

「これは仕事なんだ」といつも自分に言い聞かせながらも、私は「この不平等はやっぱりおかしいのではないか」と肌に貼りつくような違和感を覚えずにはいられない。

もちろん、私に「愛着障害」や「複雑性トラウマ」を与えなかったばかりか、常識で考えれば驚くほど高額な私立医大の授業料や学生時代の生活費を惜しみなく出してくれ、社会人になってからもそれを返済しろとも言わない両親には感謝している。それでも「私だけ恵まれていてありがとう」と思えばそれでよいのだろうか、と違和感は消え去らない。

しかも私は、家業を継いだわけでも、子どもをもうけて親に「孫の顔を見せた」わけでもないので、いわゆる親孝行はほとんどできていない。ただ、これはやや後づけの言い訳めいてしまうのだが、私の中でこの違和感は、両親への直接的な親孝行だけでは解消されないように思うのである。これを本質的に解消するには、理不尽にも環境や両親に恵まれず、そのために心理的問題を抱えていたり学校や職業選択でデメリットを味わったりする人たちが、少しでも起死回生できるための手伝いをするしかないのではないか。その「起死回生のための手伝い」として考えられることのひとつが、診察室での診療という直接的サポートであり、もうひとつが社会的弱者と呼ばれる人たちへのケアの充実や機会の平等の必要性を訴えたりするという間接的サポートである。

つまり、私に「見返り」の性質、つまり社会的弱者を救済したいという思いがあるのは、それはひとえに私自身が自分の努力や能力に依らない恩恵を被っていることへの違和感を少しでも解消したいから、というきわめて自己中心的な理由によるものなのである。

## 祖先からも出自からも解放されていた北海道

さてここでもうひとつの理由、「時代と土地」について述べてみよう。これはひとことで言うと、1960年生まれの私は、序章で触れた「平和」「民主主義」「人権」を重視する戦後的価値観のまさに申し子である、ということだ。しかも私が義務教育を受けたのは、民主主義教育がもっとも盛んと言われた北海道の地においてである。

私は、小樽市で小・中学時代を過ごした。通っていた公立中学は、少子化の影響を受けて、2003年春に廃校になったので、いまはない。実家はその中学から歩いて3、4分のところにあった。ほとんど同じ町内と言ってもよい。

面識はないのだが、中学の先輩には外務省から国連タジキスタン監視団に参加し、武装集団に襲われて命を落とした秋野豊さんがいる。ちなみに秋野さんの弟も同じ中学出身、北海道大学で精神科医としての勤務を経たあと脳神経外科医となった。私は東京の医大を卒業してから北大で精神科研修医になったのだが、当時は3カ月間の脳神経外科研修が必須であった。そこで精神科も脳外科も知る秋野先生にはずいぶんお世話になった。体格も人柄も大らかで、あたたかみにあふれた医師であった。

私の通った中学は、市庁舎や企業の本社などが集まる小樽の中心地からはやや離れた、港が見わたせる高台に位置していた。中学の場所などどうでもいい、と思う人もいるかもしれないが、これが重要なのである。中学や実家の最寄り駅は「南小樽」で、その隣は小林多喜二が暮らしていた港湾地区の駅、「小樽築港」である。「南小樽」は港湾には面していないのだが、周囲には問屋街などもあり、北海道でもっとも早く開発されたという小樽の古い時代の面影を残す地区である。いま、小樽観光のメインストリートとされる運河や倉庫街も同じ地区にある。

北海道での生活がいかにのびのびしたものであったのかを知ったのは、高校と大学を東京で過ごした後、再び北海道に戻り、30代半ばから関東の病院で診療するようになってからであった。それは単に自然の雄大さに基づくものではない。

まず、北海道では誰もが祖先から解放されている。元を正せばみな本州から開拓のために〝蝦夷地《えぞち》〟に屯田兵《とんでんへい》として送られた身であったわけで、先祖代々続く名家の出などひとりもいない。

私の両親にしても、もともと小樽育ちではなく、札幌で勤務医をしていた父親が、たまたま大学から命じられて小樽に来て、そのまま小さな医院を開業することになったようだ。近くには親戚もまったくない。両親の親かそのまた親かがいつどこから北海道にやって来たのか、家で話題になることもなかったので私も気にしたことがない。

いま東京でそういう話をすると、「自分のルーツを知らなかったり気にならなかったりするとは驚きだ」などと言われることがあるが、それが驚きに値するということじたい、考えたこともなかったのだ。これは私だけではなく、北海道出身の人たちは多かれ少なかれそうなのではないか。

そのため、出自で人を差別するという感覚もほとんどなく、たまたま同級生が、実は通名を名乗る在日韓国人だとわかることもあったが、クラスメートらは「へえ、そうなんだ」と実にあっさりした反応だった。だから逆に、本州からの転校生が「ウチは代々続く御殿医の家系で」などと自己紹介することがあると、「どうしてそんなことを言うんだろう？　ヘンなの」と、感心するどころか奇異の目で見ていた。

## 「女の子なんだから」と言われた記憶がない

またこれもよく県民性の話のときに出てくることだが、北海道は男女平等という感覚が強く、私自身、「女の子なんだから」と親や教師から言われた記憶はまったくない。厳しい開拓の時代には、男も女もなく働き、協力して生活しなければ、生きのびることさえできなかったからかもしれない。家庭でも、「夫唱婦随」というよりは妻もしっかり自己主張するためか、離婚率は全国都道府県1位の常連で、これは男女平等と関係あるかどうかは不明だが、女性の喫煙率も1位と言われる。

さらに、きょうだいの順番にも無頓着な人が多かったと思う。長男も三女もなく、家を継げる人が継ぐ、親を看られる人が看る、という感覚だろうか。

たとえば私は5歳年下の弟の進路などまったく考慮せずに私立医大に進学したが、あるとき関西の知人に「ふつうそういうときは長男が私立医大に行く可能性を考えて、姉は学費の安いその他の学部にするものじゃないの？」と言われ、最初は発言の意味さえわからなかった。北海道以外の土地では、個人の能力や意思とは関係なく、「娘」「嫁」といった家庭内の立場や「兄」「妹」といった出生順でやらなければならないこと、やってはいけないことなどが決まっていて、それによって自己実現が妨げられて悩む人が多いと知ったのは、関東の病院で精神科医として臨床を始めてからのことであった。

さらにこれはずっと後になってから知ったのだが、北海道はかつて教職員組合の力が非常に強い地域であり、反戦教育、人権教育が徹底していたようだ。私が通っていた小、中学校でも、侵略戦争やアイヌ民族差別の問題について、教員から、独自の教材に基づいた話を聴く機会も少なくなかった。

私はどちらかというと冷めた子どもであり、教員からどんなに熱く戦争の恐ろしさについて聴かされても心から共振するということはなかったのだが、それでも語られている内容はもっともなことだと納得した。もちろん、卒業式などの式典で「君が代」を歌ったこともなければ、「日の丸」が掲揚されていたこともない。それらに嫌悪感があったわけではないが、いずれも自分のいまの生活とは直接、関係していない便宜的なものだと思っていた。

## 「やりたいことができない人」への思い

このように私は、国家、祖先やイエどころか、自分の性別さえもほとんど意識することなく、「私は私でしかない」というきわめて自由主義的な雰囲気の中で、子ども時代を送っていたわけだ。

ただ、私の子ども時代はちょうど教育熱が一般家庭でも高まっており、中学に入ると「偏差値」なるものも導入され、「とにかく勉強」という強制はあった。しかしその「偏差値」にしても、子どもを親の財力や性別、教師の主観などから解放し、ただそのときのテストの点だけで客観的に評価してくれる「機会平等のツール」だと言われた。

実際に私の中学でも、いつも期末試験などでいちばん偏差値が高いのは経済的にあまり恵まれない家庭で育った勉強好きの女子生徒で、私はいくら塾に行こうと家庭教師につこうと、ほどほどの順位にとどまっているのだった。私は悔しいというより、やる気と努力が結果につながるのは当然だと深く納得し、自分は勉強以外の道で生きていこうなどと早々に考えたのであった。「プロ野球にかかわる仕事がしたい」「世界を気ままに船でまわってモノを売る仕事がないかな」などと思いつきを口走る私に対して、親や教員は「勉強したくないならそれも自由」と思ったのか、それ以上、勉強を強要することはなかった。

このように私は、自由主義、個人主義、そして民主主義にどっぷりつかった子ども時代を送ってきた。これほど「好きなことが好きなようにできる」。それどころか、好きなように〝やらない〟という自由さえある」という雰囲気の中で育てば、自分ではどうにもできない、生まれながらの条件や外側から規定される条件などによってやりたいことができなかったり、苦しい状況に追い込まれたりする人たちに対して、それはあまりにも理不尽なことであり、その人たちに救済の手を差しのべなければならない、と思うようになるのは、ごく自然なことと言えるのではないだろうか。

## 石原慎太郎氏の差別的発言は小樽育ちゆえ？

しかし、実は自分でも疑問に思っていることがある。

私は本当に、戦後民主主義が勝ち取った自由のみを謳歌してきたのだろうか。もしかすると、自分に都合のよいこと以外は見ないようにしてきたのではないか。おとなになって思い出したいくつかのできごとが、そんな疑問を私に投げかけた。

そのひとつを思い出させてくれたのは、小樽で幼児期をすごした石原慎太郎氏である。

2003年の東京都知事選で、石原慎太郎氏が都知事選史上、最高の得票率で再選を果たした後、雑誌『AERA』に「石原慎太郎の作られ方」というシリーズ記事が載った。その第4回目、ノンフィクション作家の吉田司氏は「自我集約的」という言葉を用いて石原氏の政治姿勢を説明した。

吉田氏の言う「自我集約的」とは、「自分自身や自己の歴史観を最大多数が受け入れることを自己実現とする」という意味らしかった。吉田氏は、石原氏は政治の場をその自己実現のステージとして用いている、というのだ。

もちろん一方的な自我の押しつけだけでは、有権者の支持は得られない。石原氏の場合、有権者の声なき声をあらかじめ察知して、それを自分の意見や歴史観だとして発信する、というポピュリズム的な感覚も持ち合わせており、だからこそ4期にもわたって都知事を務め、引退した後、日本維新の会代表として国政にも復帰することが可能であったのだろう。

しかし、そういう政治を続けるためには、少数者や社会的弱者の声を取り上げることは不可能になる。石原氏は都知事時代、外国人や女性に対して差別的な発言を繰り返し、そのつど大きな問題になった。それも、人数あるいは社会的立場の上から弱い立場にある外国人や女性を侮蔑することで、多数派の人たちからは「自分の言えないことをよく言った」と評価されるのではないか、という読みが無自覚にせよ、あったのではないかと思われる。

このように微妙な世論を上手に汲み取り、自分の側から発信するというタイプの政治家じたいは、さほどめずらしくはない。大阪市長の橋下徹氏などもまさにこの典型であろう。

ところが、吉田氏の先ほどの記事に書かれていた、石原氏が自我集約的な政治を行う理由が私を驚かせた。吉田氏は、それは石原氏が小樽育ちであるから、と言うのだ。

これは私が先ほど自分自身の経験として述べたことと、大きく矛盾する。私は北海道には自由平等の気風があり、少数者や社会的弱者を区別するといった発想すらない、と言った。いくら自分を支持する有権者が多数派に属するからと言って、そうでない者を標的にして、「私の意見です」と侮蔑的な発言をすることが「小樽育ち」の特徴とはとても思えなかった。

しかし、次に続く吉田氏の文章を読んで、私は自分がまったく知らない小樽の姿に気づかされることになったのだ。

特に小樽は、本土資本の日本銀行や日本郵船、山下汽船などが乗り込んで作った近代都市で、街の山手（天国）に住む「勝ち組」と、湾岸部（地獄）に住む「負け組」の荷役労働者や朝鮮人などに二分されていた。もちろん山下汽船小樽支部長、石原潔の長男坊だった慎太郎は「天国」世界の御曹司である。だから、彼は差別主義者というよりは、下層世界（敗者や弱者）を「見ない」「見えない」、そこまで想像力が届かない「植民者」の心情を持つ男だと考えるべきなのだろう。

（『AERA』2003年5月26日号）

## 小樽にもあった「勝ち組」と「負け組」

石原慎太郎氏や弟の裕次郎氏が小樽に住んでいたのは、昭和18年までのことである。札幌で生まれた私が小樽に引っ越したのは昭和38年であるから、約20年以上の違いがある。それでも、吉田氏に「小樽は『勝ち組』と『負け組』とに二分されていた」と言われると、うっすらとよみがえってくることもあるのだ。

それはたとえば、小樽の中の「地域格差」である。私の実家や中学があったあたりは、市庁舎や金融機関などが集中する地区からは離れており、むしろ港湾地区に隣接していた、と先ほど述べた。つまり吉田氏の言う「山手（天国）」ではなく「湾岸部（地獄）」に近かったのだ。

さらに記憶を探ると、全市の中学の体育大会で級友が話していたこと、中学の朝礼での校長先生の訓示などが思い出されてくる。

「○○中学のやつら、山手の学校だからってオレたちをバカにしてんじゃないのか？」

「このあたりは小樽の教育の発祥の地です。そのことを忘れず、山手の学校に負けず、小樽にわが中学あり、を見せてやりましょう」

つまり、自由主義を謳歌していたかのように思っていた私も、「地域格差」からは完全には解放されていなかった、ということだ。

石原慎太郎氏の時代から30年以上たって中学に入ったにもかかわらず、地域による「勝ち組」「負け組」の意識はまだどこかに残っていた。もちろん、私の育った地域や学校は、小林多喜二の時代の湾岸部のように「地獄」ではなかった。実際にそのことで不利な扱いを受けることはなかったし、誰かに直接、「きみは山手の子どもに比べて劣っている」などと言われた記憶はない。格差の意識だけはどこかにあっても、所得や生活水準で「山手」と「湾岸部」の差はなかったはずだ。

しかし、石原氏の時代にはまさに「天国」と「地獄」の差があり、序章で近代日本の姿として述べたように、前者は後者を救済するどころか目にさえ入らない、という事態が小樽でも厳然としてあったことは確かなようだ。とはいえ、時代は明治ではないのだから、いくら生活圏内に貧困の人がいなかったとしても、吉田氏が言うように、弱者や敗者の存在すらまったく見えないまま政治家をやり続けていたのだとしたら、それは政治家としてというより人間として大きな問題であろう。ただ、本書の主意は石原氏の分析ではないので、「小樽にも実は格差があった」という例としてその名前をあげるにとどめておこうと思う。

## 教師にも親にも語らず、封印した記憶

ここでもうひとつ、大人になるまで自分の中でも長いあいだ思い出すことを封印していたできごとについて話したい。

これは中学ではなく小学校時代の話だ。学校の図書館で山中恒氏の『サムライの子』という児童書を見つけたことがあった。何気なく手に取って読み始め、その舞台が自分がいまいる小樽であることに気づいたときは、胸が大きく高鳴った。しかも、物語の中で具体的な地区までは特定されていないのだが、公園や川などの位置から考えて、私の実家や学校からそれほど遠くない場所であると思われた。

私が図書館で読んだのは1960年に刊行された単行本で、その後『サムライの子』は日活で映画化、つのだじろう氏作画でマンガ化もされている。

では、「サムライの子」とは何か。それは、北海道の中にあった被差別的な地区、通称「サムライ部落」に住んでいるという設定の主人公の少女を指す。物語では、「サムライ部落」の人たちはいわゆる「屑《くず》」を拾って売り、生活しているが、住民には無気力な人や大酒飲みも多く、少女の家庭も崩壊状態にある。

少女は学校でこの部落の住民だということで肩身の狭い思いをしているのだが、偶然、出会った女子高生と担任の教員は少女を励ます。

「サムライ部落」にあるとき、定住するところさえ持てない「ノブシ」と呼ばれる一団が市役所の施策により流れ込んでくる。学校にさえ行けない「ノブシの子」は、「サムライの子」よりさらに下層にいるのだ。少女はその「ノブシの子」のひとりと友だちになるが、今度は自分たち家族が部落を追われる日がやって来る……。

これが大まかなあらすじであるが、このような被差別的色合いが強い地区や人々、さらにそれより下層の集団が、札幌、旭川、そして小樽など北海道の都市部とされる場所に実際にいたようである。しかし、人権教育に熱心な学校の教員も、自分たちの足元で起きていた差別の問題については何も語ろうとしなかった。私も、なぜかこの問題について親や教員に積極的に質問しないほうがいいと考え、図書館の本をそっと閉じて長いこと自分の中で封印してきた。

このように、実は小樽にも格差もあれば差別もあった。私が無邪気に自由を謳歌していた土地にも、社会的弱者を見捨ててきた歴史ははっきりと存在し、私がすごしていた時代にもその一部は残っていたのである。

それを見て見ぬふりをして、「私は完璧な自由主義の時代に育ったので、それが踏みにじられる社会には耐えられない」などと言うことには、どこか欺瞞《ぎまん》が含まれている気もする。

なぜ私自身、社会的弱者を救済すべきと考えるようになったのか。この問題の答えを、本書の筆を置くまでにもう一度、考えてみたい。

# 第2章 人の価値が稼ぎで決まる国

## 〝借り物感〟が漂っていた戦前日本の社会福祉

序章で日本は明治維新から大正時代にかけて、近代的国家の成立と維持に力を注ぐあまり、現在のブラック企業など問題にならないほどの劣悪な環境で働く労働者や貧困に陥ってスラムで暮らす人たち、さらに生活維持のために公娼となる女性たちなどに対して、〝見て見ぬふり〟を決め込み、社会福祉の手はまったく及ばなかったという話をした。

悪意というよりは、江戸時代まで長く続いた身分制度に疑問を抱かなかったように、生まれついての条件などによってそれぞれがまったく異なるレベルの生活を送るのは当然のことという意識が、近代以降も日本の中にあったのではないだろうか。もちろんレベルが上の人には羨望、下の人にはあわれみといった感情を抱くことはあっても、自分が手を差しのべたり逆に差しのべられたりしてコミットし合う関係だという発想が、そもそもなかったのだ。

だから、目の前に物乞いが現れて「何か恵んでください」と言われればそのときだけいくらかの小銭を与えるかもしれないが、ふだん自分とは何の接触もないスラムで暮らす人たちの救済のために、わざわざそこまで出かけたり、納めた税金を使って対策を講じてもらったりしなければならない、とは誰も思わなかったのだろう。

途中から「欧米では、社会福祉という名のもとに社会的弱者への救済が行われている」と気づいても、「依存と甘えを助長するだけで彼ら自身のためにもならない」という理屈を持ち出すなどして、なかなか本格的に着手しようとはしなかった。「これではさすがに欧米に恥ずかしい」と、社会福祉が国の政策のひとつとしてしぶしぶ取り入れられ始めても、そこにはどこか〝借り物感〟や〝取り繕《つくろ》い感〟が漂っていた。それは、後であらためて触れるが、「社会的公正さ」という基本的な柱が欠けていたからだ。

欧米に対しての体面のためではなく、同情やあわれみからでもなく、「社会的公正さ」の実現のために国や社会が社会福祉に取り組むようになるには、日本の場合、第二次世界大戦が終結して新憲法が成立するまで待たなければならない。

## 社会に余裕があるのに弱者を切り捨てる

ただ、それまでの人たちが単に鈍感や無知のゆえに弱者救済に消極的だった、とばかりも言い切れない。キリスト教的人道主義に目覚めたのではなくとも、いろいろな経緯でその必要性を感じ、自分なりに何かを実践した人たちも少なくなかったと思われる。それが社会的制度にまでレベルアップされなかった背景には、「社会にも人々にもゆとりがなく、みな自分のことで手いっぱいだった」という現実があったことも忘れてはならない。助けたくてもそんなことができる余裕がなかったからそうしなかっただけ、というシンプルな話だ。「礼」は衣食が足りてこそ、と言い換えることもできるかもしれない。

逆に言えば、戦後、日本は目覚ましい勢いで復興を遂げ、本当の意味で社会が落ち着き、豊かさを手に入れられるようになったため、ようやく「社会的公正さ」にまで目を配り、弱者を切り捨てずにすむシステム作りに本腰を入れられるようになったという事情もあるのだろう。

しかし、2000年代に入って、まったく新しい流れが出てくる。「余裕はあるにもかかわらず、弱者を切り捨てる」という動きだ。ここでのキーワードになるのは、「自己責任」である。

さらにその背景にあるのは、「富める人はますます富んで、稼げない人はますます貧しくなるのは当然」と格差拡大を認めて放置する、市場での競争を絶対と考える新自由主義的な価値観だ。

本書ではここまで、社会的弱者を救済せよという福祉の発想は欧米から日本に〝輸入〟されたと繰り返してきたが、この「競争に負けた人が社会的弱者になるのは自己責任であり、そこに政治（や社会）が介入する必要はない」と考える、新自由主義という名の新しい切り捨て思想もまた、欧米とくにアメリカからやって来た。20世紀も終わり頃の話である。

そこで「いや、ウチは戦後ようやく自前の社会福祉に目覚め、半世紀かけて実現させている途中なので」その流れに乗らない、という選択もあったように思う。しかし、日本はむしろ積極的にアメリカ的新自由主義を取り入れ、社会福祉も含めた政府の機能や市場への介入をミニマムにする「構造改革」が断行された。

言うまでもなく、「小泉政権」の時代がその時期にあたる。

## 小泉政権下、イラクへの自衛隊派遣

自民党の小泉純一郎氏を内閣総理大臣とする「小泉政権」は、2001年4月から06年9月まで5年半にわたって続いた長期政権だ。

その途中、03年11月には第43回総選挙が実施され、自民党ほか与党側が絶対安定多数を維持したため、小泉氏が首相に再指名されて第2次小泉内閣がスタートしている。

その年の3月20日には、いわゆるイラク戦争が始まった。これは、01年の同時多発テロ以降、アフガニスタンでテロ組織の掃討作戦を行っていたアメリカが、大量破壊兵器の査察を拒否したイラクに対して、イギリスなどとともに軍事介入を行うという、一方的に仕掛けられた戦争であった。

当初の作戦の名前は「イラクの自由作戦」であったが、国際的にはこの戦争を疑問視する声が大きかった。実際、翌04年1月28日には、デビッド・ケイ大量破壊兵器調査団長が、米上院の公聴会で「私を含めてみんなが間違っていた。調査活動が85％ほど終了したいま、生物・化学兵器が発見される可能性はもうないだろう」と証言するなど、軍事介入のそもそもの大義があっさり否定されることになる。

しかしアメリカと有志連合の作戦が始まるや否や、小泉首相は記者会見で「米国の武力行使開始を理解し、支持いたします」と表明した。外務省の官僚が用意した文書は「理解します」という表現にとどまっていたが、小泉首相自らの判断で「支持」という、より踏み込んだ文言を用いたと言われている。

アメリカら有志連合側の軍事力は圧倒的で、早くも同年の4月にイラクの首都バクダッドは陥落した。この段階で「イラクの自由作戦」というミッションは半ば達成されたのだが、アメリカ側はサッダーム・フセイン大統領が逃亡したとして「フセイン捕捉作戦」と作戦名を変更するなどし、その後もイラクへの攻撃を継続した。フセイン大統領はその年の12月にイラク中部の町ダウルで捕捉されたが、当然、その後も別の作戦名で攻撃は続いた。

「イラク戦争を支持します」と日本の姿勢を明らかにした小泉首相だが、国会は03年7月に「イラクにおける人道復興支援活動及び安全確保支援活動の実施に関する特別措置法」いわゆる「イラク特措法」を成立させ、「イラクの非戦闘地域で、積極的に人道復興支援活動・安全確保支援活動を行う」という目的で、自衛隊が派遣されることになった。

後に触れる1991年の湾岸戦争で、日本はアメリカ側に資金援助のみを行い、「Show the flag.（日の丸を見せろ、要は人を出せの意）」と言われたとか言われなかったとかと、ちょっとした問題となった。

おそらくそのときの日米の齟齬《そご》の記憶もあって、小泉首相は自衛隊派遣を決めたのであろう。「戦争が行われている国に非戦闘地域などあるのか」「戦闘、非戦闘ふたつの地域の決め方は」「人道支援とはいえ戦闘に巻き込まれたら応戦は不可避では」などさまざまな疑問、反対の声がわき起こる中、陸上自衛隊はイラクに向かい、サマーワでの給水活動などを行った。

## 3名の人質に浴びせられた「自己責任」の声

「自己責任をキーワードとする弱者切り捨て時代」を象徴するできごとが起きたのは、

2004年4月のことであった。10年も前の話であるが、日本の大きな転換点になったできごとであると考えられるので、ここで再びくわしく述べてみたい。

同7日、イラクで3名の民間日本人が武装勢力に誘拐される事件が起きた。3名は、国際ボランティアの成人女性、フリーカメラマンの成人男性、そしてジャーナリスト志望の10代男性であった。

誘拐は外国人全般を対象にして行われたのではなく、日本人を狙ったものだった。武装勢力はすぐに犯行声明を発表し、日本政府に対して「自衛隊の即時撤退」を要求したのだ。

事件発覚から3日後の4月10日、小泉首相は「人質の救出に全力をあげるが、自衛隊を撤退する意思はない」と明言した。人質となった3名の家族は、国内で中東の放送局アルジャジーラの取材にこたえ、「(自衛隊撤退を含めた)あらゆる手段を使って人質解放を」と訴え、その映像は中東全域に放送され、次いで日本でも紹介された。

3名の命の危険が迫っていたと思われる中で、「自衛隊は撤退しない」と断言した小泉首相。「なんとか助けて」と懇願する家族。ここで「社会的弱者の救済は社会の最優先事項」という考えに立てば、まさに弱者の立場に陥っている3名の人命を最優先すべきだとして家族を支援し、「彼らを切り捨てるのか」と小泉首相を批判する声があってもおかしくなかったように思う。

しかし、国内での反応はその逆であった。小泉首相の決断を評価するとともに、今回の誘拐は、渡航禁止地域に指定されているイラクに勝手に入り込んだ結果としての、3名の「自己責任」だとする声が多数だったのである。

同時に、「何としても救って」と訴える家族に対しては、「自分の子どものために自衛隊を撤退させろと言うのか」「何さまだと思っているのか」と批判が集中した。

幸い、誘拐された3名は4月15日に無事に解放され、日本に帰国することができた。自衛隊は撤退することなく、任務を継続した。ここでも小泉首相の〝賭け〟が当たった形なのだが、この事件以降、「自己責任」という言葉が一気に広がることとなった。

## 政府から大新聞、同世代の若者までが一斉に批判

では、この誘拐事件で最初に「自己責任だ」と言い出したのは誰なのだろう。事件を

振り返ったルポなどによると、いちばんはじめに「自己責任」という単語を口にしたのは、当時の外務次官だったと言われる。その発言は以下のようなものだった。

日本の主権が及ばないところでは（日本人の）保護に限界があるのは当然だ。自己責任の原則を自覚してほしい。

外務省は今年に入ってイラクからの退避勧告を一三回出している。ぜひこれに従ってほしい。

次いで、当時、官房長官だった福田康夫氏は、事件が起きたときに開かれていた参院本会議で同事件に関して質問され、「本人たちの配慮が足りなかったことは否定できない。自己責任とは自分の行動が社会や周囲の人にどのような影響があるかをおもんぱかることで、NGOや戦争報道の役割、意義という議論以前の常識にあたることだ」と答弁したという記録がある。それを伝える新聞記事には、「（3名の行動を）異例の厳しい言葉遣いで批判した」ともある。

それらを受ける形でか、新聞の社説などでも「自ら危険な場所へ行って信ずることをやりたいという人を政府が強制的に止めることができない。しかし、多くの人に迷惑をかけるのに、十分な注意も払わずに自分の主義や信念を通そうとする人に、それを勧めたり称賛すべきだろうか」（「毎日新聞」04年4月21日）、「昨年のイラク戦争の直前から、外務省は渡航情報の中で危険度の最も高い『退避勧告』を出していた。三人の行動はテロリストの本質を甘く見た軽率なものでなかったか。今回の事態がもたらした状況は、国際社会の中で日本が果たすべき責務としてイラクで繰り広げている復興支援活動を、結果として妨げることになる」（「読売新聞」04年4月9日）と、3名が解放されて間もない時点でその行動を批判する声が相次いだ。

「誘拐されたのは自己責任」という批判的な論調はその後もなかなか下火にならず、ネットを中心に、一般の人や同世代の若者までが彼らやその家族を批判し続けた。

## 「何さまのつもり」という声が映し出す価値観

批判の内容は、大きくふたつに分けられる。ひとつは、彼らが誘拐されたことが「自衛隊派遣の妨げになる」というものだ。そう批判した人たちにも実はふたつのグループがあった。ひとつ目は小泉政権の支持者や自衛隊派遣の賛成者たち、そしてもうひとつ見過ごせないのは、自衛隊や小泉政権にはあまり関心がないが、とにかく単なる市民わずか3名が誘拐されただけなのに国をあげての一大事になったことを指して、「何さまだと思っているのか」と批判する人たちがいたことだ。

この批判は、先ほども触れたように「どんな手段を使っても助けて」と訴えた彼らの家族に対しても寄せられた。社会的弱者という立場になるのはもちろん著名人や権力者ではなく、いわゆる無名の一市民であるはずだ。その人たちの価値は前者に比べて低いという価値観が、知らないうちに日本社会にうっすらと浸透しつつあったということではないか。

この「何さまか」という批判の声は、小泉首相が04年5月22日、北朝鮮への2度目の訪問から帰国し、拉致被害者の家族会と面会したときにもあげられた。このときも「何さまか」と言われたのは小泉首相ではなく、「拉致被害者全員帰国」とはならず帰国が一部の被害者やその家族にとどまっていることに対して家族会から首相に発せられた厳しい声に対し、その中継映像を見ていた視聴者から家族会事務局へファックスが殺到した。そこにも「何さまか」という文言があったと伝えられた。

こういった文脈で出てきた「何さま」という言葉の裏側にあるのも、「一市民とその命の価値は、権力者や有力者に比べて低い」という価値観であろう。

ここに来て、戦後、時間をかけて培ってきた「平和」「民主主義」「人権」という意識が、崩壊しつつあることが明らかになったのだ。

## 「人間の価値は稼ぎで決まる」という価値観

では、なぜそれは崩壊したのか。大切なのは国家の維持と強化なので、多少の格差は当然、スラムに目をやるな、といった明治期のイデオロギーが復活しつつあったのか。実はそれも間違いではないのだが、そのことが明らかになるのは後に触れるようにもう少し後になってからだ。

では、これも近代日本で見られたことだが、「自分のことで手いっぱいで自分以外の他者をおもんぱかったりその事情を斟酌《しんしゃく》したりする余裕がなくなったから」か。これは、当時の日本が長らく続く不況の中にいたことを考えると、正しいと言えるかもしれない。

　しかし、「一市民には大きな声で主張したり社会をあげて救済してもらったりする価値はない」という考え方の背景には、もうひとつ、近代日本には見られなかった大きな理由がある。それは、「その会社や人の価値は稼ぎ高によってのみ決まる」という、その頃の世界を席巻《せっけん》しつつあった市場主義や、それに基づく成果主義である。わかりやすく言えば、「カネを稼げないヤツが偉そうなことを言うな」ということだ。

「いや、いくらなんでもイラクの誘拐事件への批判は、カネや稼ぎの問題とは関係ないだろう」と思う人もいるかもしれないが、だとしたら次の事実をどう解釈すればよいのだろうか。

　3名のうちふたりが北海道在住だった関係で、北海道庁や解放を待つ家族の待機所となった「北海道東京事務所」には、事件発生以来、一日100件近くの電話がかかってきたと伝えられる。そのほとんどは「勝手に行ったのだから、税金で運営されている北海道の事務所を使わせるのはおかしい」「そこで働く道職員の費用も家族に負担させせろ」といった、経費に関する激しい抗議だったとされる。それを受けて当時の経済産業相であった故・中川昭一氏は、閣僚懇談会で「北海道事務所使用の経費について」という話題提起を行っている。

また経費の問題は、3名が無事、解放された直後にも持ち上がっている。当時の防災担当相が、「たとえば（3名がイラクから）帰ってくる飛行機代はどうするのか。本来、個人が負担していいものは本人（負担）ということになるのではないか」と、早くも「経費は自己責任で」と言って、これも新聞の社説などで「当然だ」と評価されたのである。その後、一部のメディアで、外務省は3名に対して、現地での診察費・滞在費など198万円を請求した、と報じられた。これには防災担当相が言った「飛行機代」は含まれておらず、それが自己負担になったのかどうかは、定かではない。

ここにあるのは「稼ぎもない3名の勝手な行動の尻ぬぐいを、どうして自分が働いて納めた税金でまかなわなければならないのか」というコスト感覚である。そして、その厳しいコスト感覚の背景にあるのは、「できるだけ効率良く働き、稼ぎをあげることにこそ最大の価値がある」という経済合理性に基づく市場主義であろう。

## 経済合理性・市場主義は弱者救済と本質的に矛盾

こうやって考えると明らかなように、資本主義の要《かなめ》とも言える経済合理性や市場主義は、それじたいが「社会的弱者の救済」とは本質的に矛盾するものだ。後から述べるように、今日、世界の国々は、「経済合理的な観点からも社会福祉は必要なのだ」という苦しまぎれの説明をいかにして作り上げるかに躍起になっているように見える。

たとえば、「弱者を救っておいたほうが、その人たちが将来、稼ぎ手になる可能性がある」といった具合だ。いまや経済合理性のないものは、そこにいかに人道主義的、倫理的理由があろうとも、なかなか受け入れられず、根づいていかない。しかし、どれほどよくできた説明ができ上がろうとも、それは本質的には詭弁《きべん》にしかすぎない。「市場主義的観点からも理屈にあった社会的弱者救済」など、可能なわけはないのである。

イラク誘拐事件の頃は、まだ国内には「グローバル時代の弱者救済」といった理屈を作り上げようとする動きすらなかったので、3名やその家族に対しては、「自己責任」の名のもと、「オレたちの税金を使いやがって」「(彼らが一時、イラクに残りたいと発言したことを受けて）迷惑をかけて日本の生産性向上に貢献するつもりがないとは何ごとか」と、むき出しの攻撃の刃《やいば》が向けられたのだ。

繰り返すが、市場主義や新自由主義は日本発のイデオロギーではなくて、経済のグローバル化（というよりアメリカ帝国主義化）に伴って、外から入ってきた考え方だ。しかし、それでもヨーロッパは、「市場主義と人道主義の両立」を模索する試みだけは放棄していなかったようだ。

フランスの新聞「ルモンド」は、この誘拐事件で日本では「自己責任論」が台頭していることを紹介、「日本人は人道主義に駆り立てられた若者を誇るべきなのに、政府や保守系メディアは解放された人質の無責任さをこき下ろすことに汲々としている」と批判した。

また、同じく「ルモンド」によれば、アメリカのパウエル国務長官は解放された3名に対して、「危険を冒す人がいなければ社会は進歩しない」と慰めの言葉を贈ったという（「共同通信」04年4月21日付による）。

しかし、日本国内ではそういった意見を受けて世論が軌道修正されることもなく、3

名への激しいバッシングが続いた。それに対抗するために、一部の市民団体が3名への支援を表明するなど、「弱い立場に陥った人を誰がどうやって救うべきか」という問題とは別の政治的論争へと、ステージが移っていったのである。

# 第3章 リベラル派知識人の責任

## 社会のリベラル色が急速に薄まった

２０００年代になって「社会的弱者は自己責任の結果」「稼げない人を救う意味はない」といった声が大きくなるまで、戦後の日本の「弱者救済論」に寄与してきた知識人たちは、どうしていたのだろう。

私は、ここに至るまでのいわゆるリベラル派知識人と言われる人たちの怠慢こそが、現在の弱肉強食社会や右寄り社会の成立の最大の原因のひとつなのではないか、と考えている。ここからはその問題について述べてみたい。もちろん、いまでは私もリベラル派の立場から執筆や発言を行っているが、ここで自戒の意も込めて振り返ってみたいのだ。

後にくわしく説明するが、とくに20世紀以降、「弱者は救うべきだ」という発想の大きな柱になったのは、「社会的公正さ」という考え方である。

基本的には個人の自由を尊重し、権威、権力に対抗しながらも、一方で「社会的公正さ」を重視し、社会福祉や富の再分配の仕組み作りなど政府が担うべき役割も大きいと考える政治的立場を、「ソーシャルリベラリズム（社会的自由主義）」と呼ぶ。いま日本でいう「リベラル派」とは、この「自由」と「社会的公正さ」のふたつを柱とする「ソーシャルリベラル派」を指していると考えてよいだろう。

言うまでもないが、リベラル派が多数を占める社会では、弱者への救いの手はおのずと差しのべられることになる。いわゆる「左派」の政党が政権を握っていなくても、自由民主党などの保守政党の中にもリベラル派は少なからずいるので、弱者への社会福祉がより手厚い政治が行われることは可能だ。また、リベラル派には反ナショナリズムの立場を取る人が多く、平和主義や人道主義、日本であれば護憲主義とも結びつきやすい。いくら総理大臣や与党は保守色が強くても、社会全体のムードがリベラル寄りであれば、強権発動的な政権運営はむずかしくなる。

日本では2009年に民主党による政権交代が起きるまで、一時期の連立内閣時代を除き、1955年から長きにわたって自民党政権が続いてきた。しかし、その間、改憲も行われなければ、社会福祉が急に切り捨てられることもなかったことを考えれば、実際にはどの政党が政権の座につくかにはあまり関係なく、日本は一貫してリベラル色の濃い社会であったと言えるだろう。

ところが、そのリベラル色がここに来て急に薄まりつつあるのは、これまで述べてきた通りである。

この転換は、ある意味では戦後日本におけるもっとも大きな変化と言ってもよいだろう。

いったいなぜ、そのようなことが起きたのか。

そのおおもとの原因を「東アジアの緊張の強まり」など日本の外に求め、それに対抗するための保守勢力の強まりの結果、相対的にリベラル勢力が弱まった、と説明する人もいる。また、グローバル経済の中で政府の役割や介入を極限まで小さくすることを求めるネオリベラリズムの台頭が、富の再分配を基本とするソーシャルリベラリズムを片隅に追い込んでいると考えることもできる。

しかしここでは、あえてその弱体化の原因をリベラル勢力側それじたいに求め、「大きな物語の放棄という失敗」という見地から語ってみたい。

## 「大きな物語」が終わった「ポストモダンの時代」

1979年にフランスの社会学者、ジャン＝フランソワ・リオタールが出版した『ポスト・モダンの条件――知・社会・言語ゲーム』（書肆風の薔薇／1986）は、翻訳が出る前から日本でも大きな話題となり、当時、大学に入ったばかりの私ですらその内容が「大きな物語の凋落《ちょうらく》」であり、それこそが「ポストモダン思想」の条件なのだと理解した。

このポストモダンという用語はもともと建築の世界で生まれた概念で、機能性一辺倒の20世紀的な建築へのアンチテーゼとして提唱されたのが「ポストモダン建築」だったそうだ。

リオタールは、「ポストモダン」をいまの思想状況や時代を語る概念に拡張し、「大きな物語の凋落」こそがその中核だとした。同書でリオタールは、従来までの「大きな物語」として、「政治的、実践的な『自由な主体』・『人間の解放』の物語」と「哲学的、思弁的な『精神の弁証法』・メタ主体としての『知の体系』の物語」をあげている。そして、ふたつの世界大戦、冷戦、さらに科学の発展がこれらの「大きな物語」の欺瞞《ぎまん》を暴き、いまや「正当性などどこにもない」という事態が生じたとする。それをリオタールは「ポストモダンの時代」と呼んだのである。

倫理学者の岡本裕一朗氏は、リオタールの定義をこう言い換える。

ポストモダンとは、現代の状況であり、普遍的で統一的なモダンの「大きな物語」が失墜することである。それに代わって、差異化する「小さな物語」が多様に着想され、共約不可能で異質なモデルが提唱される。

（『ポストモダンの思想的根拠』ナカニシヤ出版／2005）

リオタール自身はこの時代を必ずしも楽観的にとらえているわけではないが、ちょうど彼がこの概念を提唱した頃から、現代思想の世界ではいわゆる「ニューアカデミズムの時代」が始まる。日本でも、ジル・ドゥルーズ、ジャック・デリダなど、これまでの哲学の体系を大きく変えるような思想家たちの著作が次々と翻訳され、大きな話題となった。

中でもドゥルーズがフェリックス・ガタリとの共著『千のプラトー』（河出書房新社／19

94）の中で生み出した「リゾーム（地下茎）」という「ツリー」に対抗する思考や学問のモデルは、「中心も始まりも終わりもない」「多方面に錯綜するノマド」とされ、まさに「大きな物語」が終焉した後のポストモダン世界の象徴とされたのである。

80年代に20代を過ごした私は、こういった考え方にすっかり魅了され、その内容をよく吟味さえせずに「大きな物語は終わった」と口走り、「これからはリゾーム的にそのときどきを生きればいいのだ」などと勝手に考えていた。

ただ、これは私が未熟で無知だったせいだけではないように思う。多くのリベラル知識人が、多かれ少なかれ同じ流れの中にあったのではないだろうか。長く人々を苦しめた「東vs.西」「資本家vs.労働者」「国家vs.市民」といった不毛な対立はついに終わった。これからは誰もが自由に、それぞれの思いつきで意見を言ったり、国を越えて好きなところに行ったり、やりたいことを行動に移したりできる時代がやってくる。そのような楽観的な見通しを立て、そして、目の前の現実や住んでいる国や地域に社会運動といった形でコミットするのを放棄してしまったのだ。

## 〝軽やかに〟豊かな時代を享受した知識人たち

もちろん、中には地道に足元の貧困問題や人権問題、環境問題などに取り組む人たちもいた。だが、目立つのは何と言っても、ヨーロッパやアメリカの思想、哲学、科学技術、美術や音楽などに明るく、さまざまな人名や概念を、その当時の流行語をあえて使えば、まさに〝軽やかに〟披露してくれる知識人たちであった。

大きな物語から解放された地下茎があちこちを勝手に這《は》い回り、ときには地上に顔を出すかのような、80年代から90年代初頭にかけての〝軽やかなネットワーキングの時代〟はまた、資本主義の爛熟《らんじゅく》によって支えられてもいた時代であった。ときに日本はバブル景気に突入しようとしており、企業は「メセナ」と称して文化事業に大金を惜しみなく投じた。当時、医学生をするかたわら執筆の仕事を始めていた私も、突拍子もない思いつきに百貨店などからけっこうな予算を出してもらい、取材と称してコンサートに行ったり学者にインタビューしたりしては、仲間とともに誰が読むかもわからないような小冊子を作ったこともあった。

そんな気楽なことができたのは、心のどこかで、「大きな物語の凋落」により少数の人間が富や権力を独占することもなくなったので、もはや強者や弱者の差もなくなり、万が一、自分が弱い立場に陥った場合も当然、無条件で救済されるはずだ、と無邪気に思っていたからにほかならない。リベラルな社会が現実のものとして到来したので、もはやあえて「私はリベラル派だ」とか「弱者にやさしい社会を作ろう」などと声をあげる必要もなくなった、と思い込んでいたのである。

いまから考えると、いくらリオタールが著作で「大きな物語は終わった」「ポストモダンの時代がやって来た」と言ったからといって、それが世界的な合意だという保証などどこにもなかった。にもかかわらず、あれほど盲目的に納得してしまったのは、まったく愚かと言うほかない。

ただ、これは私に限ってかもしれないが、子ども時代からさんざん「大きな物語」を聞かされ続け、とくに米ソ冷戦に関してはときに流言蜚語《りゅうげんひご》に近い情報も流布され、緊張を強いられては空振りに終わり、という繰り返しの中で、すっかり「物語」に辟易《へきえき》していたのかもしれない。だから、無意識の中で待望していた「もう物語はいらない」というメッセージに飛びついてしまったのだろう。

とにかく、80年代までの世界を支配した「大きな物語」に代わる物語を再び紡ごうとはしないまま、そのときどきに起きることに興味のおもむくまま飛びつき、豊かな時代を謳歌するうちに、80年代は終わりに近づいた。そして、リオタールの予言の正しさを裏付けるかのように、89年には東西ドイツを分断していた「ベルリンの壁」がついに消え、91年にはソ連が崩壊した。ここに来て、いよいよ「大きな物語」は地上から完全に消滅したかのようにも見えた。

## 湾岸戦争における〝大きな〟事件

とはいえ、もちろん世界は「平和と繁栄」へとまっしぐらに道を進んでいたわけではなかった。90年には、イラクのクウェート侵攻を機にアメリカを中心とする多国籍軍が派遣され、91年にイラク空爆を実施するといういわゆる「湾岸戦争」が勃発。日本政府は自衛隊などの人的支援は行わないかわりに、90億ドルもの経済的支援を行う決定を下した。

それを受けて日本国内で行われたのが「『文学者』の討論集会」であり、柄谷行人、中上健次、川村湊、田中康夫、高橋源一郎、いとうせいこう各氏らが連名で「アッピール」を発表した（1991年2月9日）。これはふたつの声明からなるものだったが、ここであらためて紹介しておきたい。

声明1
私は日本国家が戦争に加担することに反対します。

声明2
戦後日本の憲法には、「戦争の放棄」という項目がある。それは、他国からの強制ではなく、日本人の自発的な選択として保持されてきた。それは、第二次世界大戦を「最終戦争」として闘った日本人の反省、とりわけアジア諸国に対する加害への反省に基づいている。のみならず、この項目には、二つの世界大戦を経た西洋人自身の祈念が書き込まれているとわれわれは信じる。世界史の大きな転換期を迎えた今、われわれは現行憲法の理念こそが最も普遍的、かつラディカルであると信じる。われわれは、直接的であれ間接的であれ、日本が戦争に加担することを望まない。われわれは、「戦争の放棄」の上で日本があらゆる国際的貢献をなすべきであると考える。

われわれは、日本が湾岸戦争および今後ありうべき一切の戦争に加担することに反対する。

ここに名前を連ねている作家や評論家らは、80年代には「ポストモダンの旗手」として雑誌などで頻繁に取り上げられた人たちばかりだ。彼らは権力にすり寄ったり名声や富をひとり占めにしたりする人には冷ややかな目を向けており、いわゆるリベラル派と言ってもよいだろう。ただ、「大きな物語」が解体された後を生きるポストモダン時代のリベラル派は、それまでこのようにひとつにまとまって行動したり発言したりすることはほとんどなかった。それがこの湾岸戦争をきっかけにして、「平和」「護憲」という旗印のもとに結集し、このような声明を出すに至ったのは、大きな〝事件〟と言ってよかった。

ただ、この〝事件〟は一回きりのできごとで、そこからさらに「新しい物語」が構築されることはなかった。「ポストモダンの旗手」たちは、湾岸戦争が終結すると再び、それぞれのフィールドに戻り、〝軽やかに〟個別の活動を再開したのである。

## 「歴史の終わり」からひとり遠ざかっていった日本

そしてその後、「大きな物語の終焉」をだめ押し気味に宣言する著作が世界にセンセーションを巻き起こした。それは、アメリカの政治学者フランシス・フクヤマが92年に出版し、同年のうちに日本でも翻訳が出た『歴史の終わり』(三笠書房)である。

本書では、ポストモダンの時代にも「大きな物語」は存在したとしながらも、91年のソ連崩壊により長く続いたイデオロギー闘争は終焉し、民主主義と自由経済が最終的に勝利したことで「歴史の終わり」が到来したとされる。フクヤマによれば、民主主義が政治体制の最終形態であり、以後は政治体制を破壊するような戦争やクーデターのような歴史的大事件はもはや生じなくなる。世界はそういった「脱歴史的世界」と、いまだに歴史にしがみつく「歴史的世界」とに二分され、後者では宗教的民族的衝突が繰り返

される と予見されている。

ここに来て、ひとつの未来予想図であったリオタールの「大きな物語の凋落」は、はっきりとした政治的事実となり、グローバルな共通認識となったかのように見えた。

しかし、実は日本では「脱歴史的世界化」とはやや異なる動きが進行していた。

それは言うまでもなく92年のバブル崩壊と、その後の長きにわたる深刻な不況である。アメリカを中心とする「脱歴史的世界」では経済のグローバル化が起こり、アジア各国もその波に呑み込まれつつ、凄まじい勢いで経済的発展を遂げていこうとしていた。そんな中、日本だけが不況にあえぎ、「世界ナンバー2の経済大国」という不動に見えた座も、早晩、中国などいずれかの国に明けわたさなければならないことは確実と言われ始めた。

そして95年には、阪神淡路大震災とオウム真理教による地下鉄サリン事件という大きな天災と未曽有のテロが起き、「安全と安心」を世界に誇ってきたはずの日本社会を根底から揺るがした。

欧米諸国と同じテーブルについて「民主主義と自由経済の勝利」の美酒に酔うはずだ

ったのに、悪いできごとが次々に起きて、そのテーブルから遠ざかるばかり。90年代の日本は、そんな悪夢のような日々に、「何が起きているんだ?」「いったいなぜ?」と誰に向かって発すればよいかもわからない問いをつぶやきながら、ひたすら目の前の事態への対応に追われていたのである。

## 激変する社会を見ていただけのリベラル派知識人

ところが、湾岸戦争の際には集まって声明まで出したリベラル派知識人たちは、自分たちの足元で社会がピンチに瀕しているにもかかわらず、ここで再び力を結集させて何かを発言したり行動したりしようとはしなかった。

バブルが崩壊し、95年のふたつの決定的なできごとを経た後も、「大きな物語」がない中で、日本は否応なくどんどん変わっていった。いや、否応なく変わらざるをえなかった。それも良いとは言えない方向に。

自殺者はどんどん増えて、97年にはついに3万人を超え、この状態はその後、14年間にもわたって続くことになる。中小企業のみならず大手証券会社や銀行までが倒産、廃業に追い込まれ、一方では日産自動車のCEOカルロス・ゴーン氏のような「脱歴史的世界」からやって来た人物が国内企業に最高経営責任者として投入され、彼らの合理的なやり方に従ってリストラなどの大ナタをふるい始めた。多くの企業はそれを見てあわてて「〝あちら側〟では終身雇用も年功序列もやっていないんだ」と日本型の会社システムをやめ、成果主義などを導入する。従業員どうしの関係はそれまでの〝家族ぐるみでつき合う同僚〟から〝気を許せないライバル〟に強制的に変えられた。

繰り返すが、自らも同じ社会の中にいながら、リベラル派知識人たちはもう湾岸戦争のときのように集まって、その行き当たりばったりの変化に歯止めをかけるような「新しい物語」を作ろうとはしなかった。

というより彼らの多くは、まだ80年代の「ポストモダンの時代」を生きているつもりだったのかもしれない。さあ、もう「大きな物語」は終わった、ついに民主主義と自由経済が永遠の勝利を手にしたのだ、いまさら「やっぱり物語がなければ生きられない」などと時代に逆行するようなことを要求するのは、時代に乗り遅れ、ノスタルジーにとりつかれた無知な大衆だけなのだ、と唱えながら。

これはあくまで私の個人的な見解だが、いま日本の政治の場でも社会においてもリベラル派あるいはリベラル的世論が著しく勢いを失っている決定的な要因は、「湾岸戦争反対声明」の後のリベラル知識人たちの沈黙にあったのではないだろうか。彼ら――といっても90年代には私自身も30代になっており、著作を出したり事件のコメントを述べたりしていたので、すでにこの中に含まれていると言える――が、バブル崩壊、阪神淡路大震災、オウム真理教事件などを横目で見ていたにもかかわらず、なお「物語は終わった、歴史は終わったという〝物語〟」を手放すことができずにいたことが、今日のリベラルの衰退を招いたのではないか、と考えるのだ。もちろん私自身もそうだ。

## 「新しい歴史教科書をつくる会」と『戦争論』の衝撃

そんな中、「新しい物語」を作る動きが、リベラル派とは別の文脈から起き始めた。その象徴のひとつは、96年の「新しい歴史教科書をつくる会」（以下「つくる会」と表記）の結成、もうひとつは98年の『新・ゴーマニズム宣言SPECIAL 戦争論』（幻冬舎、以下『戦争論』と表記）第1巻の出版である。

「つくる会」の中心となったのは、教育学者の藤岡信勝氏である。藤岡氏は湾岸戦争までは日本共産党員であったそうだが、その後、「冷戦終結後の新しい日本近代史観確立」の必要性を感じて、保守論客に転身を遂げた。そして、学校で使われている既存の歴史教科書は、日本を貶《おとし》める「自虐史観」に毒されていると批判し、それに代わる「独自の自由主義史観」に基づく教科書が必要だと提唱し、その動きにドイツ文学者の西尾幹二氏らが賛同して作られたのが「つくる会」である。

会の趣意書では「日本が受けつぐべき文化と伝統」や「日本人の誇り」が強調され、一方で現行の歴史教科書にある従軍慰安婦問題は、「旧敵国のプロパガンダ」として否定されている。後に同会が発行した『教科書が教えない歴史』(扶桑社)は、全4巻で120万部を超えるベストセラーとなった。

また『戦争論』は、それまでギャグ作品で人気を博していた漫画家の小林よしのり氏による「戦争とは？　国家とは？」という社会評論色の強い漫画だ。大著であるが、あえてテーマをひとことで言うならば、「太平洋戦争における日本の大義の検証」となるだろう。

小林氏は現代の日本社会のさまざまな問題を取り上げながら、人々のモラルのなさを嘆き、戦争時代の日本人は「誇り」をもって「公」のために闘い、命をも捨てたと振り返る。それなのに、それを「侵略戦争」などと呼んで貶め、アジア各国にいつまでも謝罪をし続けるのは「公」のために犠牲になった人たちに申し訳が立たない。日本人が再び誇りを取り戻し、「公」を大切にするモラルを身につけるためにも、あの戦争を「正義の戦争」と認めるべきだ。これがその大まかな内容だ。『戦争論』は結局、3巻まで発行されたが、その合計出版部数は200万部近いと言われ、大ベストセラーとなった。

## 求められた「誇りと自信を取り戻す新しい物語」

こういった新しい保守派たちの動きを、リベラル派の多くは冷ややかな目で眺めていたように思う。いつの時代にもいる国粋主義者の突発的な行動だろう、それに同調しているのは世界の潮流である「歴史の終わり」にも気づかない無知な大衆だろう、と思っていた人もいるのではないか。「反・戦争論」といった主旨の本も何冊かは出たが、先の湾岸戦争反対声明にかかわった人たちが、積極的な論争を挑むことはなかった。この新しい保守派の愚かな言動にいちいち反論するのも、同じ土俵の上に立つようで気が進まない、と見て見ぬふりを決め込んだ学者もいたはずだ。

実は私もあえて正面から批判する気はなかったのだが、かねてから小林よしのり氏の作品のファンだったこともあり、「なぜあの心やさしい漫画家が乱心したのだろう」と半ば同情的な感覚で『戦争論』を手に取ってみた。そして、その大作に詰め込まれている情報量、小林氏の取材力、何より「何としても若者にこれを伝えなければ」という真剣さに圧倒されてしまった。当時はとても口に出しては言えなかったのだが、私は「いま自分が知識や情報に飢えている10代だったら、この本に飛びついたに違いない」とさえ思った。

実際にこの本の出版当時、中学3年だったという都議会議員の音喜多《おときた》駿氏は、そのときの衝撃をブログでこう振り返る。

手に取って読んだその内容は、思春期の少年たちにはあまりにも刺激的でした。

「こんな考え方が、この世にあったのかっ！」

素直にそう思いました。次の日と言わずその日から周りの友人に論争をふっかけ、同じく影響を受けた友人たちと靖国参拝を初《ママ》めたのも高校生の時からでした。

もちろん、一部が戦争の礼賛とも取れる同書には賛否両論があることも承知しています。それでも、「何が正しいかは、その時代によって変わる」「戦争とは、『お互いの正義』がぶつかりあうもの」という価値観をもたらし、勧善懲悪の一面的な考え方から多くの人を解放した「戦争論」の功績はやっぱり大きいのではないかと今でも思います。

（「僕たちの世代と〝戦争論〟」2013年8月15日）

その時期、見わたしてみると、リベラル派にはそれに匹敵するような著作はなかったと言える。もちろん、専門書と言われる内外の本の中にはいくらも大作や力作はあったのだが、「予備知識のない若者、これまできちんとものを考えたことのない若者にも一から教える」というスタンスのものは見当たらず、伝わってくるのは「わかってくれるクレバーな人にだけわかってもらえればよい」という印象であった。

これも単なる個人的な感想なのだが、その中でもっとも真正面から現実と向き合い、真剣に世間に何かを伝えようとしているように見えたのは、村上春樹氏自身が地下鉄サリン事件の被害者や関係62名にインタビューを行ったものをまとめ、97年に発行されたノンフィクション『アンダーグラウンド』（講談社）であった。

もちろん、「つくる会」や『戦争論』の主張に賛同することは到底できないのだが、藤岡氏の「冷戦終結後の新しい日本近代史観確立」にしても小林氏の「公」の復権にしても、社会や人々からの無意識の要請にこたえようとしている姿勢は、評価しないわけにはいかない。少なくとも日本の90年代においては「歴史の終わり」「物語の終焉」などは訪れておらず、誰もが危機的状況の中で「自分や社会への誇りと自信を取り戻せる新しい物語を」と望んでいたのだ。

## 「高齢者」「生活保護受給者」までが〝外敵〟に

この「つくる会」や『戦争論』の流れは、90年代に高まってきた改憲論と重なり、2002年に開催された日韓共催ワールドカップでは、ついにナショナリズムの高まりへとつながる。しかし、不況、国際的地位の低下、進む少子高齢化など日本を取り巻く状況じたいの悪化はなかなか止まらない。「あの戦争には大義があった」という過去の復権だけの物語では、もう人々を支えることができなくなった。そしてここにおいてついに、「いま憎むべき敵は韓国、中国、北朝鮮」と、〝現在の外敵〟が設定され、激しい攻撃が向けられることになったのだ。

〝外敵〟を設定して「悪いのはあいつらだ」「あいつらさえいなくなれば問題は解決する」ということで作る物語は、21世紀になってますますその勢いを加速させている。その〝外敵〟も、東アジアの国やそこの人々にとどまらず、「日教組」「リベラル系マスコミ」からついに「高齢者」「生活保護受給者」など、国内のいわゆる社会的弱者までがそのターゲットとして選ばれるようになってきた。

そしてひとたび国の外に目を向けると、経済のグローバル化は凄まじく、激しい国際競争の中で、企業どうしもひとつの企業内の同僚どうしも問答無用の弱肉強食の中で蹴落とし、蹴落とされながら首をつないでいくしかない状況が慢性的に続いている。

国の内側を見ても外側を見ても、そこにはもはや「社会的公正」などない。「強い立場の人にも弱い人にも、日本人にも外国人にも等しい機会を、誰にも等しく富の再分配を」などと口にしたり、それを聞き入れたりする余地は、どこにも見当たらない。それが21世紀になってからの日本の状況と言える。

## リベラル派知識人たちの重い不作為責任

その期に及んでも、相変わらずリベラル知識人が「つくる会」や『戦争論』をしのぐ「新しい物語」の構成に着手する動きは見られなかった。いや、もしそこで彼らがようやく物語が必要だということに気づいてそれに着手したとしても、いまや「戦争に大義はあった」「悪いのは中国や韓国、国内のリベラル派や弱者たち」という物語があまりに強大な力を得ており、「時すでに遅し」という状況である。それは、保守色の強い安倍政権への高い支持率や、現在の「つくる会」でも中心的な存在である元自衛官・田母神俊雄氏が東京都知事選で60万票を超える票を集めた事実から明らかだ。

いまやかつてのリベラル派は、ネットでは「ブサヨ（『不細工な左翼』の略）」「反日」と言われ、自分の名前を出して「社会的公正」を主張するだけで「韓国の工作員」「在日認定（在日韓国人という意味）」と言われる。

ここでまた私自身のことになるが、2001年にはまだ、日韓共催ワールドカップでのナショナリズムの盛り上がりの気運を『ぷちナショナリズム症候群』(中公新書ラクレ／2002)という著作の形で取り上げることができた。だがその後、まったく面識もない在日韓国人の方たちの名前などをあげて「これが香山リカの本名だ。在日認定された」などとネットであまりに頻繁に攻撃されるようになり、いまではいわゆるリベラル派的な発言をする場さえ、どんどん奪われつつあるのを感じている。

しかし、繰り返すように、日本の社会からリベラル色が薄れていった責任の一端は、「ポストモダンの時代」「物語も歴史も終わった」などと言い、言葉はよくないが浮かれていたリベラル派たちの読み間違いにある。社会や人々が必要とするときに、適切な「新しい物語」を提供することができなかったのだ。

それがいま、日本に蔓延しつつある「弱者や少数者は出て行け」という排除の気運にも直接、結びついている。そのことを、いまなおリベラル派を自認する多数とは言えない人たち——もちろん私自身も含めて——が自覚しない限り、再び「弱い人にもやさしい社会」が到来することはないのではないだろうか。

# 第4章 弱者は世界中で切り捨てられている

## 勤勉さは偶然に与えられた性質？

日本でもベストセラーになった政治哲学者マイケル・サンデルの『これからの「正義」の話をしよう』（早川書房／2010）の第6章は、まるまるジョン・ロールズの「正義論」の考察に費やされている。ロールズは1971年、『正義論』という政治哲学の大著を著した。

サンデルは著作の中で、ロールズの「格差原理」を紹介する。「格差原理」という名称から、格差の存在を肯定する理論であるようにも思われるがそうではなく、これは「格差は是正されるべき」という考えの本質をなすユニークな原理のことだ。

サンデルは言う。「格差原理は、所得と富の分配を義務づけているわけではないが、その根底には強力で、刺激的ですらある平等の思想がある」

では、その「格差原理」とは何なのだろう。孫引きになり恐縮だが、サンデルの著作に引用されたロールズの言葉を紹介しよう。

格差原理とは、いわば個人に分配された天賦の才を全体の資産と見なし、それらの才能が生み出した利益を分かち合うことに関する同意だ。

ロールズの人間理解の基本は、「それぞれの人間の人生のスタートの条件は、まったく偶然によって（contingency）与えられるものであって、それに十分、値している（deserved）という人などいない」というところにある。再び、サンデルの著作の中からロールズの『正義論』の言葉を引こう。

社会のどこに生まれるかが自分の手柄ではないように、生来の資質も自分の手柄ではない。能力を開花させるために努力するという優れた性質を備えているからと言って、それは自分にその価値があるからだと考えるのも問題だ。このような性質は、恵まれた家庭や幼少期の社会環境など、自分の功績とは呼べないものによるところが大きいからである。

親の資産、外見や肌の色、国籍、性別、スポーツ、音楽の才能といった条件だけではなくて、「努力」さえ「幸福な家庭」や「そのときの社会環境」といった外的な要因に依存するものであり、決して「自分の功績」とは言えないのではないか。ロールズのこの見解を取り上げると、マイケル・サンデルが属するハーバード大学では、多くの学生が憤然として、「自分はこの大学に合格するためにいかに勤勉に努力してきたか」を語り、「努力さえも偶然によって与えられた性質」などでは決してない、と主張するのだそうだ。

## 「がんばろう」と思うためには一定の環境が必要

しかし、診察室にいるとつくづく「努力のためには、思う存分、努力できるような〝お膳立て〟が必要」と思わされる場面が少なくない。

たとえば、「がんばって勉強しよう」といくら思っても、両親がアルコールやパチンコに依存し、育児や家事を放棄するような家庭にいれば、酔いつぶれた親を居酒屋に迎えに行ったり、幼い妹や弟のために食事の支度をしたりしなければならない。

「いや、努力する気さえあれば、いかに劣悪な環境でも勉強はできるはず」「一度はがんばろうとしたのに、親の問題や貧しさのせいでそれが実らない、続かないという人には同情できる。だが、そもそも最初からまったくがんばろうとしない人もいる」と言う人もいる。だが、「がんばりたい、努力したい」と前向きな動機を抱くためには、一定の環境が整っている必要があると思う。あまりにひどい環境にいれば、ほとんどの人は、初動の意欲、向上心さえわいてこないものだ。

もちろん中には、逆境から立ち上がる人や、逆風が強いほどやる気になる人もいる。しかしそれは決して多数派ではない。ロールズにならって考えれば、「ハングリー精神も、偶然によって与えられたもの」ということになるのではないだろうか。

書店に行けば、オリンピックでメダルを取ったアスリートたちが書いた「夢はかなう」「努力で手に入らないものはない」といった本が多数、出版されていて、多くの読者に希望や、やる気を与えている。

アスリート本人は、「小さい頃はふつうの子だった」「自分には特別の才能はない」などと語ることも少なくないが、実際には、彼らはたぐいまれなる才能に恵まれ、それをごく幼いうちに発見してくれる家族やコーチにも恵まれ、さらには存分に練習に打ち込める環境にも恵まれている場合がほとんどである。

もちろん、貧しさや、家族の病気、外国の選手であれば社会の混乱などで苦しみ、それにもかかわらずあきらめなかったというアスリートもいる。それでも彼らはなんとか努力を継続することができ、オリンピックなどの晴れ舞台に出場できる機会を与えられたことは確かだ。ひねくれた見方だが、ロールズ的に言えば、逆境にいてもほかの選手に負けないだけの圧倒的な才能をたまたま持ち合わせていた、ということだろう。

では、「その人のすべては、自力で勝ち取ったものではなく、さまざまな条件が偶然重なって与えられたもの」であるとして、ロールズは社会の公正さを保つためには何が必要だ、と言っているのだろうか。

## 「天賦の才」も人々に平等に分配せよ!?

ここからさらに、ロールズのユニークさが発揮される。彼は、人が生来持っているものの、与えられた環境などは、社会の「集団的資産(collective asset)」であり、それを持つ人だけがひとり占めしてはいけない、と言う。それが「格差原理」と呼ばれるものの正体である。

だが、偶然に与えられた資質や能力を本質的には〝万人の利益〟と考えるべきとして、才能を人々に平等に分配せよ、ということなど不可能だ。だから、次のような策を講じるべきだ、とロールズは具体的な提案をする。

天賦の才に恵まれた者は誰であれ、そのような才を持たない者の状況を改善するという条件のもとでのみ、その幸運から利益を得ることができる。天賦の才に恵まれた者は、才能があるという理由だけで利益を得てはならず、訓練や教育にかかったコストをまかない、自分よりも恵まれない人びとを助けるために才能を使うかぎりにおいて、自らの才能から利益を得ることができる。（中略）こうした偶然性が、最も不遇な立場にある人びとの利益になるような形で活かせる仕組みを社会のなかにつくればよいのだ。

「あなたの才能はたまたまあなたに備わっていただけで、ゆめゆめ〝オレはこの才能にふさわしい価値のある人間だ〟などとカン違いしてはいけません」などといきなり言われても、誰も納得できないだろう。だからロールズは、恵まれた立場にある個人をひとりひとり責めるのではなくて、せめて社会的・経済的要因で不公平が生まれるような社会のシステムを是正しておくべきだ、と言うのだ。

この解決のひとつが、学校における「教育の機会均等」や「完全な実力主義」だろう。これが徹底していれば、たしかに「金持ちの子弟だけが塾に行ってより高い学力を身につけ、貧しい家庭の子どもは勉強の才能はあってもそれを磨くだけの時間がないので成績が悪い」などといった不公平は起こらない。

## ただ乗り「フリーライダー」にまで寛大になれるか

しかし、問題は「環境には恵まれていないが、才能には恵まれている」ではなく、「環境にも恵まれず、もともとの学力や才能にも恵まれない」という人をどうするか、ということではないか。

この人たちは、「機会均等」といったシステムの整備だけでは決して救われない。ロールズの考えの本質は、その人たちこそを「最も不遇な立場にある人」と考え、所得や富をいちばん手厚く分配すべき、ということになるのかもしれない。だが、私たちは、それほどの寛大さを持ち合わせているだろうか。

機会を与えてもなかなかやろうとしない、いっこうに成果をあげないまま、誰かの才能や努力の恩恵を受けて生活している人を、最近の社会学では「フリーライダー（ただ乗りの人）」と呼ぶ。

彼らは、ロールズの言うように、本当に運悪く、たまたま環境やルックス、話術、才能、やる気や努力という性質、すべてに恵まれずに生まれてしまった人たちなのだろうか。それとも、才能も努力できる性質も兼ね備えているのにあえてそうしない、単なる〝ただ乗り野郎〟なのだろうか。もし、後者だとしたら、私たちはそれでも彼らに救いの手を差しのべるべきなのだろうか、それともそこまでお人好しになる必要もないだろうか。この問題については、また後の章で検討したい。

## 「勝者総取り化」が進むグローバル社会

その前にもうひとつ考えておきたいことがある。それは、ロールズの「格差原理」が正しいかどうかは別にして、現代社会は明らかにそれとは正反対の方向に進みつつある、ということだ。

それを端的に言い当てているのが、「マタイ効果」と言われる社会現象だ。もう少しわかりやすい言葉で言えば、「勝者総取り（Winner takes all）」と言ってもよい。

米アップル社でシニアマネージャーとして働いていた松井博氏の『企業が「帝国化」する』（アスキー新書／2013）には、あっさりと、「これから勝者総取りの時代がやってくる」と述べられている。それは、「ごく一部の人たちが巨万の富を手にし、大多数の人たちは低賃金にあえいでいくのです。特に交換が容易な人材にとっては厳しい状況が長く続いていくでしょう」という恐ろしい社会だ。

松井氏はアメリカのアップル社の例をあげながら、「アップル本社勤務の社員の報酬は時給換算で50ドル、中国でアップル製品の製造にかかわる工員は時給1・75ドル」、さらに「ストックオプションを持つ幹部の資産は50億円以上」というシビアな現実を突きつけ、同じ会社の中でも二極化が起きているとしてこう断言するのだ。

勝者がすべてを総取りし、下々はわずかな分け前で細々と暮らす。善しあしは別にして、これが今後の時代の普通の姿となっていくでしょう。

もし、2002年に世を去ったロールズはこの状況を知ったとしたら、どう思うだろう。この松井氏の文章にある「善しあしは別にして」という一文に、「いや、そこで〝善しあし〟を別にすることはできないのだよ」と言うだろうか。

しかし、松井氏が「帝国」と呼ぶアップル社のようなグローバル巨大企業は、この〝善しあし〟からもっとも解放された存在であるのが現実だ。食品に関係する巨大企業について述べた章での松井氏の言葉から、再び引用してみよう。

加工食品やファーストフードの食べすぎによって子どもたちに健康被害が引き起こされたとしても、食を司る「帝国」たちは別に何も気にかけていません。最大限の利益を得る。そこだけに徹底してフォーカスしており、ある種のすがすがしささえ感じるほどです。

では、この「勝者総取り」は、グローバル化が進んだ最近になって出現した傾向なのか。実はそうではなくて、これこそが社会というものに本質的に備わっている性質だとする意見もある。

## オットセイの8割のオスは子孫を残さず死んでいく

人間社会のことを考える前に、ちょっと動物の例をあげてみよう。オットセイが「1頭のオスと多頭のメス」によるハーレムを作ることは、よく知られている。1頭の強いオスに対しては、平均20頭ものメスが集まるのだそうだ。

2008年に放映されたNHKの動物番組『ダーウィンが来た！』は、オットセイのハーレムで有名な南極海の英領サウスジョージア島で撮られた衝撃的な映像を紹介した。ハーレム形成の前には、オスどうしの熾烈な争いが繰り広げられる。争いに勝ち、多くのメスを我がものにするオスは全体の2割ほどだそうだ。では、戦いに負けてハーレムを作れなかった8割のオスたちは、その後、いったいどうするのか。

番組では、そのオスたちがしばらく海岸にとどまり、あわよくばハーレムを離れたメスを略奪しようとする涙ぐましい姿が映し出される。しかし、しばらくしてその可能性もない、とわかると、オスたちはハーレムの周辺から姿を消す。

彼らは、海岸を離れ、裏山の高台に移り、そこでいわゆる〝負け組オスの村〟を作って一生を過ごすのだ。番組はその高台を「傷心の丘」と呼んでいた。戦いで受けた傷がもとで、ひっそり命を落とすオスもいる。無事に生き延びたとしても、一生子孫も残せぬまま、15年ほどの寿命をまっとうしなければならない。

一方、勝ち残ったオスは、ハーレムにいるそれぞれのメスに生涯で15頭もの子どもを産ませる。メスの中には、別のハーレムに移動して〝別の男〟の子を産むちゃっかりしたメスもいるようだ。だがいずれにしても、子孫を残せるのはハーレムのエリアにいる2割のオスだけ、ということになる。

ハーレムを作ることができた2割のオスは、20頭のメスにそれぞれ15頭の子どもを産ませるわけだから、単純に考えて生涯で300頭もの子孫を残すことになる。一方、ハーレム形成に負けた8割のオスは、「傷心の丘」で、ともすれば1頭の子どもも残せないまま、一生を終える。まさに「勝者総取り」の世界である。

生殖における「勝者総取り」は、オットセイに限ったことではない。動物番組を見ていると、ライオン、ヒヒ、インパラ、キジやクジャク、クマノミやアカダイなど、ほ乳類から鳥類、魚類までハーレムを作る生きものがいくらでも出てくる。また「勝者総取り」はオスが多くのメスを従えるだけとは限らず、ミツバチに見られる「女王蜂と多数のオス蜂」のようにメスがハーレムを形成することもある。ちなみに、よく知られているることではあるが「働き蜂」はメスだが、産卵能力を持っていない。ミツバチの世界は、生まれながらにしてすべてを総取りする「勝者」が決定されているわけだ。

## 勝者総取りをもたらす「マタイ効果」とは何か

こういった例を受けて、「優秀なオス、メスだけが多くの子孫を残すことができる一方、まったく子孫を残せない個体もある」という、いわゆるダーウィンの性淘汰理論は、種の保存や進化に不可欠な本質であり、人間もまたその例外ではないと主張する人もいる。さらに人間の場合、性淘汰を目的とした「勝者総取り」は生殖に限ったことだけではなく、財産、名誉、地位などについてもこの傾向が見られる、とする意見もあるようだ。

しかし、「オットセイがハーレムを作ってメスを独占するのも、一部の富を占有する人間がいるのも、どちらにも生きものの本質、性淘汰理論に基づいて説明可能だ」と言うのは、あまりに短絡的すぎるのではないだろうか。

社会学者の中には、「勝者総取り」をダーウィンの性淘汰説によってではなくて、別の概念で説明しようとしている人もいる。それが、いわゆる「マタイ効果」である。

貧困や社会保障の問題に詳しい阿部彩氏の『弱者の居場所がない社会』(講談社現代新書／2011)で、この「マタイ効果」がわかりやすく解説されているので引用させてもらおう。

この言葉は、新約聖書の一節「持っている人は与えられて、いよいよ豊かになるが、持っていない人は、持っているものまで取り上げられるであろう」（マタイ福音書13章12節）から名付けられた社会現象のことである。

すなわち、「マタイ効果」とは、「格差は自ら増長する傾向があり、最初の小さい格差は、次の格差を生み出し、次第に大きな〈格差〉に変容する性質」を指す。

この「マタイ効果」という現象は、1960年代から1970年代にかけて、アメリカの社会学者ロバート・マートンが「発見」し、その後、さまざまな分野にも適用されている。

同書では、この後、科学研究、教育、スポーツ、経済の分野におけるさまざまな「マタイ効果」の実例が示される。たとえば、就学して最初に「勉強ができる」と見なされた児童は、まわりからほめられたり、能力を伸ばすために特別クラスで学ぶ機会が与えられたりして、ますます学力が伸びていく。しかし、その一方、就学時、最初に「できない子」と思われてしまうと……というわけだ。くわしい説明の必要もないだろう。

阿部氏は、「重要なのは、『マタイ効果』が社会に内在されているということである」

と述べる。つまり、マタイ効果は一時的な反応やアクシデントではなくて、「少なくとも、現代社会では、社会のあらゆるルールや制度や仕組みが、マタイ効果が働くように作られている」のだ。

これを性淘汰説と同じように「生きものの本質」とまで拡大して考えてよいかどうかはわからないが、20世紀から21世紀のいま、社会を理解する上での基本ルールのひとつになっていることは確かだろう。

そう考えると、先の松井博氏がリポートするアップル社、グーグル社などアメリカの巨大企業がどんどん「帝国化」しているのも、まさに「マタイ効果」そのものと考えられ、それじたいは不思議でもなんでもない、ということになる。

## 「持てる者はますます豊かになる」と説く聖書の教え

それにしても、なぜ聖書の中でイエスは「持っている人はいよいよ豊かになり、持たざる人はいま持っているものまで失う」などと語ったのだろうか。

聖書を読めば、イエスはこのたとえを用いて富や地位について語ろうとしたわけではなく、「持っている人」とは「(神の言葉を聴く)弟子」、「持っていない人」とは「(神の言葉に耳を傾けない)群衆」のことだとわかる。しかも、「神に従わない群衆はすべてを失うだろう」と脅そうとしているのではなく、「神の言葉に最初から耳を傾けようとしない人にとっては、結局、すべての教えは大きな謎のままで、何も理解できないままになるだろう」と言おうとしているのだ。

とはいえ、新約聖書の4つの福音書の中でもこの「マタイの福音書」には、人間の現実の姿と考えたくなるような「ふたつの極端な姿のたとえ」が頻繁に出てくる。たとえば22章の「結婚の宴の席に入れる人と入れない人」、24章から25章の「忠実なしもべと悪いしもべ」「賢いおとめと愚かなおとめ」などだ。

そして、イエスは有名な「タラントンのたとえ」を語る。

天の国はまた次のようにたとえられる。ある人が旅行に出かけるとき、しもべたちを呼んで、自分の財産を預けた。それぞれの力に応じて、一人には五タラントン、一人には二タラントン、もう一人には一タラントンを預けて旅に出かけた。

（マタイによる福音書25章14－15節）

主人が旅に出た後、しもべたちはそれぞれ別の行動に出た。その部分を聖書から引用しよう。

早速、五タラントン預かった者は出て行き、それで商売をして、ほかに五タラントンをもうけた。同じように、二タラントン預かった者も、ほかに二タラントンをもうけた。しかし、一タラントン預かった者は、出て行って穴を掘り、主人の金を隠しておいた。

（同25章16－18節）

その後、旅から帰った主人に、ふたりのしもべは商いをして出た利益の5タラントン、2タラントンを差し出した。ところが、1タラントンを預かって隠しておいたしもべはこう言ったのだ。

御主人様、あなたは蒔かない所から刈り取り、散らさない所からかき集められる厳しい方だと知っていましたので、恐ろしくなり、出かけて行って、あなたのタラントンを地の中に隠しておきました。ご覧ください。これがあなたのお金です。
（同25章24－25節）

すると、わずかなお金が減らないように蓄えておいてそのまま返還した慎重なしもべに対して、主人は激怒した。

怠け者の悪いしもべだ。わたしが蒔かない所から刈り取り、散らさない所からかき集めることを知っていたのか。それなら、わたしの金を銀行に入れておくべきであった。そうしておけば、帰ってきたとき、利息付きで返してもらえたのに。さあ、そのタラントンをこの男から取り上げて、十タラントン持っている者に与えよ。
（同25章26－28節）

そして、先の「マタイの効果」の箇所と同じフレーズが、ここでも再度、登場する。

だれでも持っている人は更に与えられて豊かになるが、持っていない人は持っているものまでも取り上げられる。この役に立たないしもべを外の暗闇に追い出せ。そこで泣きわめいて歯ぎしりするだろう。

（同25章29－30節）

1タラントンを浪費したのならまだしも、大切に保管していたしもべに対して、この仕打ちはあまりに厳しすぎるのではないか。この「タラントンのたとえ」を通してイエスは何を言おうとしているのか、後世の研究者たちの解釈はさまざまに分かれる。

「これが人間社会の現実だ」と示そうとした、人生でも伝道でもただ守りに入るのではなくて「積極的に打って出よ」という意味だ、などと現実的な教訓として解釈する人もいる。また、これは裏返しの説話で、人間社会への問題提起であり、「これではいけない」と目覚めさせるために用いられた話なのだ、といった屈折した解釈もある。

ただ、これらの教えやたとえの意味や目的が何であろうと、「人間や人間社会には何らかの格差が存在し、その格差は拡大する一方という傾向を持つ」という現実は、聖書の昔から社会に内在する形であったことだけは確かだと言ってよいだろう。

## 現代アメリカの「新上流階級」と「新下層階級」

そして、アメリカではさらに恐ろしいことが起きつつある。「格差」の存在や「格差拡大」の傾向について、ほとんど何の問題も感じないというより、無関心、無自覚な人たちが増えつつあるということだ。

その実態は、アメリカの保守系シンクタンク研究員チャールズ・マレーによる『階級「断絶」社会アメリカ』（草思社／2013）で明らかにされる。本書が主張しているのはただひとつ、「アメリカ社会の断絶はどれほど決定的か」である。ここで描かれている現代アメリカ社会は、序章で述べた「スラムが目に入らなかった」という近代の日本を彷彿とさせるほどである。著者はこうまで言う。

かつてアメリカを動かしていたのは文化的にも多様な人々だったが、いまこの国を動かしているのは文化的に類似し、しかも自分の世界に閉じこもりつつある新上流階級である。

ここが本書の評価の最大の分かれ目なのであるが、著者はアメリカ社会をあらかじめ「新上流階級」と「新下層階級」にシンプルに二分し、それぞれに属する人々の収入、学歴、職業や住居のみならず、結婚観、幸福度、信仰といった価値観や内面的問題にまで踏み込んで、膨大な統計的資料をもとにその「格差」を次々に明らかにしていく。

常識的に考えれば、話の進め方は逆であるはずだ。つまり、さまざまな経験などから「いまのアメリカ社会には、大きくふたつの社会的階層が存在しているのではないか」という仮説を立て、それを裏づけるさまざまな統計的データを示していき、最後に「上流と下層、ふたつの層が存在することが立証された」と結ぶ。この手の社会分析では、これが一般的であろう。

ところが、本書の著者のマレーは、あたかもそれが社会的なコンセンサスであるかのように「いまのアメリカは一部の新上流階級と、大多数の新下層階級で構成されている」という前提を述べ、その後の統計分析のために、「新上流階級は経営管理職、専門職（医師、科学者など）の上位５％」と定義するのである。

## 自分が豊かであることの自覚すらない上位5%

もし、学生がこういう論文を書いてきたら、「自分で勝手に定義する前に、本当に新上流と新下層という分け方が理にかなっているかどうか、あなたがでっち上げた幻想の分類にしかすぎないのではないか、きちんと論証する必要があるのでは？」と突き返すだろう。

ただ、いささか強引な階層分けとその定義から始まる本書であるが、それぞれの項目の分析を読めば読むほど、「いまのアメリカにはふたつの階層しかなく、その階層の格差、乖離、断絶はもはやどうにもできないほど決定的」という著者の主張が説得力あるものに思えてくる。

たとえば「新種の居住地分離」という章では、郵便番号（ジップコード）によるデータによって、「新上流階級」がどこに住んでいるかを突き止めようとする。そして、その中ではっきりと浮き彫りになってくる「世帯所得と学歴の平均が上位5％に入る人たちが住む地域」を「スーパージップ」と名づける。

しかも、「スーパージップが島のように点在して、それぞれが普通の住宅地に囲まれているのであれば、新上流階級の一般アメリカ人からの離脱もそれほど極端なことにはならないはず」であるが、「現実はそうなっていない」と著者は言う。ワシントン、ニューヨーク、ロサンゼルス、サンフランシスコなどには、スーパージップが連なる「クラスター」と呼ばれる数十万人から百万人規模の地域が形成されており、その隣接地区にも収入などの高い階層が集まっている。かくして、「ほとんどの新上流階級は、同類であるエリートたちに支配された巨大バブルの中で暮らしている」という事態が生じる。

彼らは、ある意味で「孤立」しており、「一般のアメリカ人のことをよく知らない」という。そして、国の舵取りに関与するのはほとんどがこの新上流階級の人たちであるため、「アメリカ人にとって何がベストかを決めるさいに、自分たちの特殊な生活を基準にして判断してしまう」ということもしばしば起こりうるという。

著者は、「わたしたちを分かつのは人種・民族ではなく、階級である」「アメリカ社会は階級の継ぎ目からほころびつつある」とさえ言い、新上流階級の人々に自分の無知に気づくよう、自分たちの価値観やライフスタイル以外にもいろいろな考え、生活があることに覚醒するよう、強く呼びかける。

逆に言えば、「アメリカには、あなたのような恵まれたお金持ちばかりがいるわけではない、と気づいてください」と呼びかけなければそんなことさえ忘れてしまうほど、この階級の断絶はいまのアメリカでは深刻だということだ。まるで、よく引き合いに出されるマリー・アントワネットの逸話、貧困で食糧を手に入れられず苦しむ庶民たちに「パンがないなら、ケーキを食べればいいじゃないの」と言ったという、あの話のようだ。

アントワネットはまだ個人だが、アメリカには何の悪意もなく、「工場の仕事を失ったなら、商店で働けばいいじゃないの」「病院で十分な医療を受けられないなら、クリニックに行けばいいじゃないの」と無邪気に口にするようなエリートたちが、人口の5%も存在するということか。さらに恐ろしいのは、残りの95%の人が暮らす一般の社会のシステムの決定が、その彼らの手に委ねられているということである。

2014年4月22日のNHK「クローズアップ現代」では、「〝独立〟する富裕層～アメリカ　深まる社会の分断～」と題して、アメリカで起きている『州』や『郡』から『市』が〝独立〟する動き」を取り上げていた。この独立運動の中心はいわゆる富裕層で、納税したお金が貧困層のために使われ、自分たちに十分なサービスを与えてくれない行政への反発から、自分たちで住民投票を実施、医療や教育をすべて民間に委ねようとしているのだ。独立運動にかかわった富裕層のひとりは、インタビューでこう断言していた。

「政府による所得の再分配には反対です。人のお金を盗む行為だと思います」

番組には、このままではアメリカ社会での分断が深まるとして、「このまま富裕層の独立が続けば、公共サービスを支える人がいなくなる」と憂える識者も登場したが、この動きを止めるすべはいまのところ見つかっていない。

## 日本でも格差拡大・階級断絶が容認されつつある

ここまで述べてきたように、戦後に急激に広まった「平和」「民主主義」「人権」を重視する価値観に基づいた社会福祉政策などの成果もあって、日本には大量の「中産階級」、いわゆる中流層が出現した。最近はその中流層の崩壊も大きな社会問題となっているが、階級格差やそのあいだの断絶は、まだアメリカほど決定的ではないかもしれない。

少なくとも、政治家や企業経営者が、自分が育ってきた恵まれた環境のことしか知らず、「アパートを追い出されたなら、マンションに住めば？」と口にする、というようなことは、いまのところはないだろう。

しかし、日本の社会は良きにつけ悪しきにつけ、アメリカを数年遅れで後追いするような形で発展してきた。このまま格差が拡大していけば、アメリカと同様に5％の「新上流階級」と95％の「新下層階級」で構成される社会になるのではないか。それぞれの階層はすべてにおいて分断され、移動や交流もなく、もしかするとお互いの存在すらよく知らない、という悪夢のような事態がやって来るという日もそう遠くないのかもしれない。

しかも問題は、多くの人たち、とくに上位5％に入れる可能性がない人たちまでが、

「そうなるのも仕方ない」と、この格差拡大や階級断絶を容認しているかのように見えることである。

これは私の印象論にすぎないが、私が学生だった頃には「コネ入社」は卑怯な手段と考えられており、親が会社の経営者という場合でも、子どもはあえて別の会社に就職したり、場合によってはまったく異業種を選んで飛び込んだりしていたように思う。もちろん、ときには「彼は、親が大企業の役員というコネで広告代理店に入社した」といったウワサが飛び交うこともあったが、あくまでそれは不名誉なこととされ、本人も「オレは実力で採用された」と主張したりしていた。

ところが、2000年代になり、私が大学教員になった頃には、事態は大きく変わっていた。もちろんその背景には「長引く不況と就職難」という要素も強く影響していたのだが、コネ入社や縁故採用は、恥ずかしいことでも卑怯なことでもなくなっていたのだ。教員になって、その大学のキャリア支援委員、つまり学生たちの就職の面倒を見る係になった私は、就職活動中の学生たちにアンケートを取ってみた。すると、コネ入社や縁故採用についての設問に否定的な回答を寄せた学生は、ほとんどいなかった。

学生の中にも、「叔父さんが大きな会社をやっているので、そこで働かせてもらう」とか「父の紹介でテレビ制作会社に入れることになった」と、うれしそうに話す学生さえいた。その横で、何のコネもなくなかなか就職先が決まらずにうなだれている学生に、そっと「どう思う？　成績はあなたのほうがいいのに……」と聞くと、「先生、世の中、そんなもんですよ。彼はいい親がいてラッキーで、僕はそうじゃないだけ」という悟ったような答えが返ってきて愕然としたこともあった。

## 「結果の不平等」だけでなく「機会の不平等」も進行

そして、これはどうも印象の問題にはとどまらないことを示しているのが、経済学者・橘木俊詔氏の著書『「機会不均等」論』（PHP研究所／2013）である。ベストセラー『格差社会』（岩波新書／2006）の著者である橘木氏は、日本もすでに格差社会に突入したことを認めつつ、本書ではそれがさらに深刻化していること、そしてさらに最近は「結果の不平等」だけではなく、「機会の不平等」も進行しつつあることをデータとともに示していく。「機会の平等」とは何か。著者の言葉を借りることにしよう。

「機会の平等」というのは、人が社会活動や経済活動を行う際、すべての人に参加の機会が与えられているかに関心を持つものである。どのような社会活動や経済活動があるかといえば、人が教育を受ける機会を求める、職業を選ぶ、企業や役所に就職する機会を求める、企業や組織のなかで地位の昇進を決める、選挙に立候補して議員になる、等々が代表的な例である。（前掲書）

橘木氏は、これまでの社会では、人の処遇を決めるとき、その評価基準として「能力、努力、成果」の3つの要素が重要視されてきたが、そのどれにウェイトを置くか、とくに生来の能力という自己の責任ではないものをどう社会が補塡するかについては、時代や国によって考え方が違ってきたと振り返る。しかし、いずれにしても戦後社会は、「公平な参入機会」と「非差別の原則」を前提とした「機会の平等の達成を図る精神」の実現を目指していたことは確かであろう。

とはいえ、もちろん「誰もが平等に」と公平性ばかりを重視していると、今度は社会の効率性が低下する危険性が出てくる、と橘木氏は述べる。典型的な例としては、「所得の分配」によって収入をなるべく公平にするという目的で、高所得者から多額の税を徴収したり低所得者に給付を行ったりすると、それぞれ高所得者、低所得者の勤労意欲を阻害する可能性が出てくるということがある。それは経済効果を大きく低下させることになるだろう。これがいわゆる「公平性と効率性のトレードオフの問題」である。

## 親から子へとつながる「貧困の連鎖」

この問題に対する〝正解〟を、私たちの社会も経済学などの学問もいまだに見つけられずにいる、と橘木氏は言う。本書の前の章でも、市場主義や経済合理性と「公平性」を基本とする社会福祉や弱者救済政策は、それじたい矛盾したものであり両立は困難であることを指摘した。

しかし、まだ人々は「効率性のためには公平性を完全に犠牲にしてもかまわない」とまでは思っていないからこそ、なんとか両者が併存できる理論や政策がないか、両方の犠牲をより少なくするために公平性と効率性のどのようなバランスが望ましいのか、とずっと模索し続けてきたのである。

ところが、日本社会ではいま「結果の不平等」だけではなく、その原因になる「機会の不平等」が進むことにより、「公平性」が猛スピードで失われつつある。橘木氏は、世代間、地域間で見られる「機会の不平等」をデータとともに指摘するのだが、中でも深刻なのは「教育の機会不均等」の広がりだ。

橘木氏の著作でも引用されているのだが、平成21年度に文科省で行われた「教育安心社会の実現に関する懇談会」の報告書によれば、国立大学の授業料、私立大学の授業料平均額、消費者物価指数のそれぞれを昭和50年時点を100として比較した場合、消費者物価指数はこの30年間で約2倍の伸びに留まるのに対して、大学の授業料はこれを大きく上回り、国立大学で約15倍、私立大学で約4倍になっていることがわかる。つまり、大学授業料とくに国立大学の学費が高騰している形だ。

その結果、当然のことながら「両親の年収が高いほど4年制大学への進学率が高くなり、高校卒業後就職する割合が低くなる」ということがわかる。

一方で、年収200万円未満の家庭の大学進学率は28・2%にとどまる。報告書は、

「近年、経済的格差の拡大が緩やかに進む中、所得の低い層は増加しつつあります。(中略)このような傾向が続くならば、経済的な要因により教育費が家計を圧迫し、進学に影響がある可能性も考えられます」とやや悠長な口調で状況を分析しているが、この時点でもうすでに、親の所得が子どもの大学進学に大きな影響を与えていたと考えられる。

たとえば、親がまったく仕事ができず、生活保護を受給していた場合はどうなるのだろうか。

生活保護世帯の子どもの大学進学については、いままでは原則的に認められてこなかった。福祉担当者は子どもには「就職して家計を支えるように」と指導することが多く、大学進学のために保護費から貯蓄することも、原則的には認められてこなかった。また、子どもは高校卒業とともに生活保護世帯人員から外され、世帯分離したと見なされるので、本人への受給額はさらに減少し、とても大学に通える状況ではない。

「どうしても」と希望する場合は、現実的には働きながら夜間部や通信制のある大学を選ぶしかないのだが、実は大学進学が明らかになった時点で、本人への生活保護は打ち切りになってしまうのである。

こういった「機会の不平等」が進行すると、当然のことながら「結果の不平等」も顕著になり、さらに巻き返しや起死回生がむずかしくなり、格差が固定化してしまうことになる。

2013年になり、厚生労働省は、生活保護世帯が、子どもの大学の入学金にあてるために保護費を預貯金することを認めた。将来の就労に役立つ進学を後押しすることで、自立する環境を整え、親から子へとつながる「貧困の連鎖」を断ち切りたいという考えに基づいての措置とされる。だが、進学後には本人は受給世帯から外れ、生活保護を受給できなくなることとは変わりない。こういったことを含めて、この措置は結果的には保護費削減の一環でしかなく、実際には保護世帯からの大学進学はますます困難になっただけ、という声もある。

## 公平性と効率性のバランスがどんどん崩れている

こういう事態が進むと、いくら「公平性と効率性のバランス」と言っても、前者を実現させようとするためにかかる労力や費用が著しく増え、その両者を同じ天秤にかけることじたいが不可能になる。すると、公平性の実現、つまり「機会や結果の不平等の是正」と効率性の追求はまったく別の問題だということになり、あえて矛盾の解消はせずに、それぞれの担当者などが自分なりに追求すべきテーマということになってしまう。

たとえば、現在の日本においても、安倍政権は経済成長の「第三の矢」として女性の登用を猛烈にプッシュしているが、一方で母子家庭に与えられていた生活保護の母子加算が減額されるなど、公平性とのバランスはどんどん崩れている。

減額により生活が不安定になれば、就業訓練などを受けづらく、社会で仕事を得る機会がますます遠のくことが考えられるが、「優秀な女性の登用による生産性の向上」と「女性に均等に働く機会が得られるような公平性の是正」とはまったく別問題として考えられているということだ。

そうなると、あとは先の「マタイの効果」が発動し、格差は拡大する一方となり、上の階層にいる人は下の階層の人の存在すら知らないとか、その人たちの救済は自分とは何の関係もないこと、といった態度を取るようになることは目に見えている。つまり、「福祉暗黒時代」の近代から始まり、戦後の反省を経てようやくある程度、社会的弱者を救済するマインドとシステムができ上がりつつあったのに、私たちはいま再び「格差があることさえ知らない」「その人たちと私は何の関係もない」という、近代の「切り捨て社会」に戻ろうとしているのだ。

結局、明治維新からの150年は、弱者救済にとっては単なる長大な迂回路でしかなかった、ということなのだろうか。

それでもなお、「いや、私たちは弱者を救済する社会を作らなければならない」と言うためには、この先、どんな考え方をたよりにしていけばよいのだろう。次の章で具体的にあげながら考えていくことにしよう。

# 第5章 そもそもなぜ救わなくてはいけないのか

## 高齢者や病人を「ケア」すべき根拠は存在しない!?

ジャーナリストの佐藤幹夫氏は、出版社のサイトでその著作『人はなぜひとを「ケア」するのか——老いを生きる、いのちを支える』（岩波書店／2010）をこう紹介する。

「人はなぜひとをケアするのか」。この問いを、私は長いあいだ持ち続けてきました。私は弟の世話や介護（のようなこと）をするヤングケアラーでしたが、家族なのでそれは仕方がない、当たり前だ、と思っていました。ところが特別支援学校の教員になった時、誰に頼まれたわけでもないのに、そうした職業に自らの意志で就く人たちがいる。このとき不思議な驚きとともに、「どうして？」と思いました。それが最初です。

しかし、実は、「なぜ弱者を救うべきなのか」という問いに真剣に取り組み始めると、その答えは絶望的なくらい見つけにくいことにすぐに気づく。

社会学者・上野千鶴子氏の『ケアの社会学』（太田出版／2011）に、「ケアに根拠はあるか」と題された章がある。その冒頭にはこうある。

なぜ高齢者をケアするのか？　この問いは、実はおそろしい問いである。なぜなら、それを正当化する根拠が、実のところ、与えられていないからである。

上野氏は同書の中で、ケアを次のように定義する。これはILO（国際労働機関）から2001年に刊行された『ケアワーク』なる本で用いられている定義だそうだ。

依存的な存在である成人または子どもの身体的かつ情緒的な要求を、それが担われ、遂行される規範的・経済的・社会的枠組のもとにおいて、満たすことに関わる行為と関係。

こう定義することで「ケア」には、介護、介助、看護、育児など広範囲の「行為と関係」が含まれることになる。

上野氏の冒頭の問いに戻ろう。なぜケアをするのか。もちろん、ケアの受け手である子ども、病人、高齢者、さらには失業者や野宿者などは、誰かがケアの手を差しのべてくれなければ、日常生活を営むことすらむずかしい。「ケア」は、受け手にとっては生存するために不可欠だ。

では、ケアをする側にとってはどうなのか。上野氏の著作では、ケアを論じる基本的な文献としてしばしば取り上げられる哲学者メイヤロフの『ケアの本質』が紹介されている。メイヤロフによれば、ケアの「意味」とは、「ケアする者自身の『自らの成長』であり『ケアを通しての自己実現』であり、『生の意味』と『居場所』の発見であり、ひいては『ケアの対象への感謝』である」のだそうだ。

もっとわかりやすく言えば、「情けは人のためならず」となるだろうか。誰かをケアするのは「その人がかわいそうだから」ではなく、「ケアすることで自分自身が成長できるから」だというのだ。

しかし、上野氏はこのメイヤロフの説明には、徹底的に反対の立場だ。「少なくともこの本を執筆しているあいだは、彼は子どもをケアする時間を割くことができなかったはずだし、逆に『ケアを通しての自己実現』をすでに果たしていれば、このような書物を書く必要もなかったかもしれない」と皮肉混じりに語り、同じようにメイヤロフに批判的な研究者デイリーの言葉を借りて、「お説教はたくさん！(Do not preach!)」とまで言うのである。

上野氏は、メイヤロフ以外にもさらに哲学・倫理学・教育学の分野のケア論を俯瞰する。そして、そこに見られがちな「自然化され本質化されたケア」や「普遍概念としてのケア」といった視点を批判し、必要なのは「歴史的・社会的・文化的な文脈のもとで、ケアがいかに配置され、遂行されるか、という経験的な問い」だとしている。

上野氏は「ケアの与え手よりも受け手のほうが弱者になる」という関係の非対称性そのものが問題であるとし、それを解消するためには契約関係や金銭的な報酬が不可欠だと主張する。ところが世間には有償のケアより無償のケアのほうが価値が高い、という考えが根強く存在する。それがケアについて、より社会的、実践的に論じる道を閉ざし続けてきた、と上野氏は考えるのである。

だから、冒頭の「なぜ高齢者をケアするのか?」という問いに対しても、もちろん上野氏は道徳や倫理の観点から説明を試みたりはしない。「親には昔、お世話になったから」といった答えでは、「じゃ、世話してくれなかった親は介護しなくてよいのか?」といった問いが出てくることはすぐに想像できる。先ほどの「他者へのケアは、結局、自らを成長させる自分へのケアにつながるのです」といったメイヤロフ流の答えは、〝お説教〟のレベルを出ていない。

## 「親を介護するのは美徳」を否定する上野氏

では、なぜ高齢者のケアは必要なのか。この問いに対する答えは、「(著者注・従来は子育てに関するケアや労働を意味する)再生産労働に高齢者の介護を含むことには経験的な妥当性があり、また理論的にも有効性があること」だと上野氏は言う。すなわち、今後、介護に関係した行為をもっと市場化していくことにより、社会や経済にとって明らかなメリットがあるという意味だ。これは、「わたしの立場は徹底的に文脈依存的で社会的なもの」と言い切る上野氏ならではの、とても合理的な主張だ。

この考えに従えば、当然、家族による高齢者の介護は無条件で「よきもの」、などといった情緒的な考え方はナンセンスであり、家族介護の担い手たちを苦しめるものでしかないということになる。

「女性なんだから、お年寄りにやさしくしたいという気持ちは生まれつき持っているはず」「愛する夫の両親なんだから、お嫁さんが介護するのは当然のこと」「親を介護することで、あなた自身、得るものはとても大きいのです」といった言い方を押しつけられてきた人たち、とくに家庭の中の女性たちは、この上野氏の言葉で呪縛から解放された気持ちになれるだろう。

だとすると、「社会的弱者――この表現じたいも非対称性を前提とするものであるが――をなぜ救うべきなのか」という問いへの答えも、「彼らを救うための行為を労働とみなすことは、社会的に十分な妥当性、有効性があるから」となるのだろうか。

ここで、それを究極の回答として選択する前に、「なぜ救うのか」という問いに対するほかの答えを見てみよう。

## 日本は「弱者を守る」と憲法で表明している

なぜ弱者が守られ、救われなければならないのか。

ある国家が弱者を守ることをはっきり表明している場合、それは「福祉国家」と呼ばれる。第二次大戦後、発展するとともに複雑化する社会で果たすべき政府の役割が拡大するとともに、ワイマール憲法からスタートしたと言われる「福祉国家」こそが、先進国が目指す国家の姿だという考え方がヨーロッパを中心に広まっていった。

日本も基本的にはこの「福祉国家」を目指していることは、いまの憲法にはっきりうたわれている。憲法25条を引用してみよう。

第25条
1　すべて国民は、健康で文化的な最低限度の生活を営む権利を有する。
2　国は、すべての生活部面について、社会福祉、社会保障及び公衆衛生の向上及び増進に努めなければならない。

つまり、国民が権利として有する「最低限度の生活」を国が保障してくれる、ということだ。

政治学者の山口二郎氏は、第二次大戦後の世界では、順調な経済成長が続く中、「政府が経済に介入することで富が再分配され、福祉国家の理念はある程度実現した」とし、80年代あたりまでは「福祉国家」を目指す政治システムと経済システムとが矛盾なく両立していたことを指摘する（『いまを生きるための政治学』岩波書店／２０１３）。

## 国家による社会保障がない世界はもう目前

しかし、そのバランスが90年代に入ると崩れてきた、と山口氏は言う。「世界中が資本主義という経済原理で一色に塗りつぶされるようになる」と、もはや政府も「富を再分配せよ」とか「すべての労働者の生活を保護すべきだ」などと言って企業に介入できなくなってきたのである。

山口氏も同著で引用しているが、２０１３年４月23日の「朝日新聞」では、海外事業の急進などにより、日本の衣料品業界で初めて売上高が１兆円を突破した「ユニクロ」

の柳井正社長が、「将来は、年収1億円か100万円かに分かれて、中間層が減っていく」という衝撃的な発言をした。

柳井氏は「仕事を通じて付加価値がつけられないと、低賃金で働く途上国の人の賃金にフラット化するので、年収100万円のほうになっていくのは仕方がない」と断言し、「雇用したからには会社が年収400万円を保障します」などと言うことは決してない。もちろん「年収100万の人を国が面倒見るべきです」とも言わず、「グローバル経済というのは『Grow or Die』（成長か、さもなければ死か）」と言い切る。年収100万円で生活が立ち行かなくなった人たちは、自分に付加価値をつけることができないという「自己責任」でそうなったのだから、企業や国家が、その行く末をあれこれ心配したり手当てしたりする必要はない、という考えだ。

「それはユニクロなど極端にグローバル化した企業での話であって、日本でも一般の会社や政府はそこまで冷徹ではないだろう」と思う人もいるかもしれないが、それは違う。前章でも紹介したが、アメリカのアップル社で長く働いていた松井博氏の著作『企業が「帝国化」する』では、アメリカでははっきりと「国家と企業の力関係が逆転しつつ」

あり、ほかの国にもその傾向が広まっているため、国家が企業の存続のためにコントロールされるという現象が起きている、と述べられている。その結果、「多くの先進国で健康保険や年金、あるいは生活保護といった社会保障制度が当てにならなくなってきて」いるが、日本もその例外ではない、と松井氏は言うのだ。

現在の20代の若者が高齢者になったときに年金が維持されている可能性など、かけらほどもないでしょう。国民健康保険の維持すら厳しくなり、健康保険の民間化が急速に進むのではないかと私は考えています。国家による社会保障がない世界はもう目前です。

## 憲法が変わると「最低限度の生活」はどうなる?

いや、この項の冒頭で掲げた通り、日本は憲法で、国民の「最低限度の生活」を国家が保障するとうたっている国だ。いくらグローバル企業の発言力が増し、少子高齢化などで福祉財政が圧迫されたからといって、そう簡単に「年金もやめ、国民健康保険もやめ」となるはずはない……。そう考える人もいると思う。ところが、現在の政権与党である自民党が発表している新憲法の草案では、この点についても微妙な変更が加えられている。

２０１２年４月27日に発表された自民党草案の最新版にも、第25条はある。引用してみよう。

第25条（生存権等）
１　全て国民は、健康で文化的な最低限度の生活を営む権利を有する。
２　国は、国民生活のあらゆる側面において、社会福祉、社会保障及び公衆衛生の向上及び増進に努めなければならない。

第1項は現行憲法と変わらない。第2項に「国民生活の」という単語が加わったことにより、これが「日本に住む外国人」への福祉の制限を意図しているのではないか、と危惧する人もいるが、文面だけを見ると大きな変更はないと言ってもよいだろう。

ただ問題は、自民党草案の第12条には、現行憲法にはまったくない新しいフレーズが加わっているということだ。その箇所を見てみよう。

第12条（国民の責務）
この憲法が国民に保障する自由及び権利は、国民の不断の努力により、保持されなければならない。国民は、これを濫用してはならず、自由及び権利には責任及び義務が伴うことを自覚し、常に公益及び公の秩序に反してはならない。

どのフレーズが新しいのか。現行憲法はこうだ。

第12条
この憲法が国民に保障する自由及び権利は、国民の不断の努力によつて、これを保持しなければならない。又、国民は、これを濫用してはならないのであつて、常に公共の福祉のためにこれを利用する責任を負ふ。

比較すると明らかなように、「自由及び権利には責任及び義務が伴うことを自覚し」という文言が新しく加えられたのだ。現在の「公共の福祉」が「公益及び公の秩序」となっているのも気になるところだが、ここではそれには立ち入らないでおこう。だとしても、「自由及び権利」はただ保障されるものではなく、「責任及び義務が伴う」というのは大きな変更である。

この条文が先行していることを考えると、第25条の「最低限度の生活を営む権利」にも、「あくまで責任や義務をまっとうしている限りにおいて」という条件がおのずとつくことになる。先のユニクロの社長の発言で言えば、年収100万円になってしまった社員が、国家に対して「憲法にもある〝最低限の生活〟を保障してほしい」と訴えても、「あなたは、自分に付加価値を身につける、というグローバル社会の義務を果たしていなかったので、福祉の対象にはなりません」と言われる可能性もある。

つまり、「なぜ弱者を守らなければならないのか」と問われた場合、少なくともこれまでの日本では「それは憲法で定められた国家の役割だから」と答えることも可能だったが、事態は世界規模で急速に変わりつつある。

そして、この先、憲法が変われば、憲法においても、弱者は保護されず、最低限の生活も無条件には保障されない、という事態が訪れるかもしれないのだ。

## ヒューマニズムを世界に広めたキリスト教の功績

『イエスという男』（三一書房／1980）などで知られる新約聖書学者・田川建三氏の著作に、「キリスト教のよい点」を並べて指摘している一冊がある（『キリスト教思想への招待』勁草書房／2004）。

その中に「やっぱり隣人愛」という章があり、田川氏は「キリスト教ヨーロッパ全体を通して、自分たちの社会の中で欠乏している人たちを、自分たちみんなで支えていこう、という姿勢が伝統となって、ずっと生きている」と述べている。同書から引用しよう。


要するに、自分たちの社会の中に、何らかの理由で、欠乏している人がいたら、それは自分たち全体で支えていかなければならない、という精神である。人間として生きている以上、そうするのが当たり前であって、自然とそのように思ってしまう、というのが伝統というものである。

田川氏によれば、ヨーロッパでこの伝統が始まったのは「エルサレムの原始キリスト教団」であり、そこから町村の地域共同体へ、都市の自治へ、さらに世界へ、と広がっていった。そして、「世界のどこかに、食えずに困っている人がいたら、私は安心して眠ることができない」という意識が形成されたというのである。

ただ、著者は「神を信じないクリスチャン」を名乗っているだけあって、こうやって「良いことだけを抜き出して、これがキリスト教です、なんぞというのは嘘である」と述べ、「嫌らしいごまかし」をするつもりはない、と言う。「自分の尺度を他に押しつけようとするうさんくさい『愛』の行為」に対しては、田川氏は否定的なのである。

しかし、それでもやはり、イエスが語ったという「たまたま運が悪く今日の仕事にありつけなかった労働者も、うまく働けた労働者と同様に、安心して今日も食えるようになるといい」といった話に端を発する〝キリスト教の看板〟、「隣人愛」から学ぶことは多い、というのが著者のスタンスだ。

田川氏の言う「人間として生きている以上、欠乏している人がいたら、自分たち全体で支えていかなければならないと自然に思う」というキリスト教人道主義は、世界に広まる過程で、そもそもそれを生んだ「キリスト教」の要素を薄めていった。そしてそれは現在、シンプルに人道主義（ヒューマニズム）と呼ばれている。田川氏自身は、たとえ「キリスト教抜き」という形であるにせよ、このヒューマニズムが世界に広まり定着した意義は大きいと考えているようだ。

## 「神なしのヒューマニズム」は果たして可能か

しかし、本当に「キリスト教抜き」という形のまま、ヒューマニズムは単体として社会に定着し続けられるのであろうか。これに懐疑的なのが、作家の佐藤優氏だ。佐藤氏はジャーナリトの魚住昭氏との対談で、こう語っている。

私は、ヒューマニズムに対しては否定的です。私はキリスト教徒（カルヴァン派）です。

（『一冊の本』2013年10月）

いまある形のヒューマニズムを生んだのはキリスト教だというのが田川氏の考えであったが、佐藤氏は逆に「キリスト教徒であるからこそヒューマニズムに否定的」と言おうとしているのだ。これはどういうことなのか。

佐藤氏はその理由について、「人間は原罪を免れることはできませんから、人間の力によって理想的な社会を構築する試みは、必ず失敗すると考えています」と述べる。ややわかりにくいが、人間は、神から与えられたヒューマニズムを、自分たちの努力だけでは守りきれない、ということなのだろう。魚住氏もそれにこたえる形で、人間のみによるヒューマニズムの限界を次のように指摘する。

世の中を少しでもよくしようと真面目に頑張っていた人たちが地獄にはまり込んでいくのはなぜなのか。

（前掲誌）

しかし、魚住氏は、ドイツにおけるナチスの戦後処理やアメリカのベトナム戦争時代の反戦運動、あるいは日本における反原発、反基地の市民運動などに、佐藤氏の言う「人間の力である程度、理想的な世の中を築く」ことへのかすかな希望も感じている。信仰を持たない魚住氏のほうが、キリスト教に端を発するヒューマニズムを信頼しようとしているのは興味深い。

では、佐藤氏は、どうすれば私たち人間社会が再び、ヒューマニズムに基づく理想的な社会を構築できると考えているのであろうか。佐藤氏の言葉を引用しよう。

外部からの介入——キリスト教的に言えば神の歴史への参与——なくして人間社会は変容しない。いつかその介入があるという希望は持っています。（前掲誌）

これは聖書の黙示録に描かれているような、いわゆる「千年王国の到来」を意味すると思われるが、それが佐藤氏一流のレトリックなのか、それとも字義通りの事態を指しているのかは、よくわからない。ただ、神という視点が消えたとき、ヒューマニズムには、遠からぬ将来、確実に〝賞味期限〟が来て、支え合いの社会などは崩壊するしかない、ということだ。「神なしのヒューマニズム」が本当の意味で私たちの社会に根づくことはない、とも言えるだろう。

これに対し、人間がヒューマニズムを遵守するかどうかを監督する「神」は消えたとしても、それは私たちの心の中に内在化され、引き続き監視を続ける、という考えもある。それがフロイトの提唱した「超自我」の概念である。

## 「他人のため」は自分の心を守る防衛メカニズム

フロイトは、「超自我」の概念以外にも、私たちの「誰かのためにたとえ自分が損をしても何かをしてあげたい」という私たちの「愛他主義」を、ヒューマニズムや信仰以外の心のメカニズムから、もっと客観的に説明しようとする。

フロイトによると、「誰かのために何かをする」という態度は一見、利己主義とは反対の自己犠牲的態度だが、実は結局は自我が自分を滅ぼしかねない衝動から自分を遠ざけるための防衛メカニズムのひとつの可能性があるという。

防衛とは、簡単に言えば、自分にとってより不快、より不安な事態（たとえば神経症を起こしかねない葛藤など）を避けるために、無自覚のうちに別の考え方をしたり感じ方をしたりするという〝心の処世術〟のようなものだ。誰に教えられたわけでもないのに、人間はこの防衛メカニズムを身につけ自動的に使っている。代表的な防衛メカニズムには、不快なことを意識から追い出してしまう「抑圧」、自分なりの言い訳を考えて納得する「合理化」、慇懃無礼など本心とは反対の態度を取る「反動形成」などがある。

私たちのふだんの行動や発言の多くは、この防衛メカニズムで説明できる。たとえば、倒産や災害など人生のピンチに立っても、明るく元気いっぱいで前向きな人がときどきいる。「これをむしろチャンスと考えて、これからがんばりますよ」と高笑いするその豪快な態度を、多くの人は「男らしい」「強くて勇ましい」と賞賛するだろう。

しかし、これはもしかしたら「躁的防衛」という防衛メカニズムから来ているのかもしれない。つまり、その人は心の奥では破滅的なダメージを受けて、むしろ人より強い不安や恐怖を感じている。本当なら泣き崩れてしまいたいくらいだが、それを自分で認めたら、心は耐えきれないほどの衝撃を受け、もう二度と立ち直れないかもしれない。そういった致命的なショックを避けるための緊急避難装置として、「躁的防衛」の回路が動き出し、心とは裏腹の強気で明るい態度を取っている……。そんな可能性もあるのだ。

もちろん、その人の言動が「防衛メカニズム」に基づいたものだからといって、すべてが嘘というわけではない。他者に対して本音を隠し、自分に対しても、本心から目をそらしながら、「これでよかったのさ」と自分に言い聞かせる。ときに必要以上に強気の態度で虚勢を張りながら、心のピンチを乗り切っていく。またそうやって行ったことが、人や社会のためになることも少なくない。

「防衛メカニズム」は、誰もが生まれつき持っている「万能の切り札」のようなものではないだろうか。使うタイミングと使い方さえ間違わなければ、抜群の威力を発揮する。ただし、もし何かの事情でその切り札を多めに持っている人がいたとして、いつもそればかりで勝っていたら、その人は〝真の勝負師〟とは言われず、本当のテクニックはいつまでたっても磨かれない。評判を落とすこともありうる。

この「愛他主義」も、そんな切り札の一枚、ということなのかもしれない。では、いったい人間は自分を何から守るために、他人優先の態度を取ってしまうのだろう？

父が生み出した心の防衛メカニズム理論をくわしく研究したフロイトの娘の児童精神分析学者、アンナ・フロイトは言う。

愛他主義の人は、自分の超自我の働きで禁止されている自己の願望を、他人に投影している。そして、他人がその願望を実現するのを助けることによって、自分の願望が達成されたような満足を覚えるのだ。

（『自我と防衛』誠信書房／２００１）

ここで言われる「超自我」とは、自分の心の中にある機能のひとつでありながら、自我を監督し、律する働きを持つ。いわば良心を司《つかさど》る裁判官や検閲者のような役割だ。幼児期に実際に目の前にいたりあったりする「厳格な父親」や「破ると罰せられる規範」を、自分の内部に取り込むことで後天的に形成されるのが「超自我」だとされる。

このように超自我は、行きすぎた本能的な欲求に対して、罪悪感を生じさせたりかつて描いた理想の姿を思い起こさせたりすることで、それが安易に実行に移されないような役割を果たす。心の中に内在する道徳や規律などは、わかりやすい超自我の例と言える。多くの人は、誰も見ていない商店でも、万引きをしない。あるいは、無人の野菜販売所できちんと料金を置いて野菜を持ち帰るのも、この超自我が働いているからと言える。

超自我が自分の心の中から目を光らせ、監視しようとするポイントは、キリスト教などの宗教が禁じる行動とも重なっている。盗むなかれ、姦淫《かんいん》するなかれ、殺すなかれ、といった「モーセの十戒」を、クリスチャンでもない人が自然に守っているのは、法律でそれが禁じられているからというよりは、超自我が機能しているからかもしれない。

この超自我は、人を縛り、「これをやったら罰するぞ」と心の中からその人を脅かすだけではない。それは、私たちの「良心」「善意」の源にもなっているとも、フロイトは考えた。

## 「伊達直人」はなぜランドセルを贈ったのか

２０１０年暮れから、「タイガーマスク運動」などと呼ばれる自然発生的な匿名での寄付、贈り物が全国で相次いだことがあった。始まりは、その年の12月25日、前橋市の児童相談所に新品のランドセル10個が届けられる、というできごとだった。ランドセルは郵送されたのではなく、門の前に置かれていた。児相に出勤した職員が気づいたそうだ。贈り主の名前はなく、人気マンガの主人公、覆面レスラー・タイガーマスクの本名とされる「伊達直人」とのみ記されていた。

このことが新聞やテレビで取り上げられると、すぐに全国の児童擁護施設に、「タイガーマスク」「伊達直人」あるいは「星飛雄馬」といったマンガやアニメのヒーローの名前で、ランドセルや文房具、お菓子や現金などが続々と届くようになった。多くは郵送ではなく、夜のうちに直接、施設の玄関先などに置かれていた。

報道によると、全国すべての都道府県に「伊達直人」的な贈り物があったそうで、その数は数千件にも上ったという。おそらくこの匿名のヒーローたちのほとんどは、誰かにほめられることを目的とせず、「恵まれない子どもたちのために」という善意から行動に出たと考えられる。では、その人たちは、ありあまる財産などを使ってそうしたのだろうか。

2013年秋になって、最初にランドセルを贈った〝伊達直人〟と思われる男性が、毎日新聞インターネット版の取材に匿名を条件でこたえている（2013年10月28日）。

記者がその男性に接近できた経緯は明かされていないが、記事によると男性は幼くして母と死別、実父からは受け入れてもらえず、親戚らの家を転々として育った。11歳のとき、預けられている家で、「お前がいるから家庭がぎくしゃくする。謝れ」と迫られた。「生まれてきてごめんなさい」と口にしたとき、彼はひそかに、「この人生を受け入れよう。大人になったら自分のような子どもの力になろう」と決めたという。

その後、彼は成人して就職し、自分で誓った通り、ある児童養護施設に月1万円の寄付を始めた。そこでは交流イベントにも参加していたが、あるとき、施設の子どもに、「お父さんとお母さんがいないから、僕にはサンタさんは来ない」と言われた。それがきっかけで、サンタのようにプレゼントを届ける活動を思い立ったとのことだ。男性は、おなじみの施設にではなくて、自宅に近いがまったくかかわりのない別の施設の玄関にランドセルを置いた。

「子どもの力になりたい」という男性の思いは、お金や時間の余裕から生まれているわけではない。自分が大変な経験をしたからこそ、同じような子どもを少しでも助けたい、という強い思いが彼を動かしている。もしかするとこの男性は、いまでも生活の苦労などを抱えているのかもしれない。だがそれでも、彼は寄付や贈り物をやめようとはしないのではないか。

「どうして苦しい生活の中からお金を出そうとするの？ 他人よりもまず自分のために使うほうがずっとお金が生きるのでは」と説得されても、「どうしても」としか言いようのない衝動が、彼を寄付に駆り立てている。フロイトはそれを、ヒューマニズムという言葉ではなく、「超自我」という、私たちの内面にありながら私たちを超えたものでもある心の機能によって説明しようとしたのだ。

精神分析の専門家なら、せっかくのタイガーマスクの善意に対して、やや意地悪な解釈を加えるかもしれない。

すなわち、この男性の子ども時代、本来は超自我のモデルになるべき実際の父親は、まったくその機能を果たさないままであった。たらい回しになった親戚の家でも、父親の代わりをしてくれるような男性に出会うことはなく、自分の存在を否定されるようなことを言われるばかりだった。

そんな悲劇の中で、意思の強い男性は、実際のモデルに依らない理想の男性像を自分の中に作り上げ、それを自らの超自我とするようになっていった。理想の男性にいちばん近いのが、あのタイガーマスクだったのではないか。だからこそ彼の超自我は、ほかの人より純粋でかつ強固なまま、揺らぐことがないのである……。

## 車椅子の女性を助け、自分は津波に流された女子学生

「自分も困難に直面しているにもかかわらず、あるいは自分がそうだからこそ、より困難な状況にある人を救いたい」という思いを行動に移した人は、2011年3月の東日本大震災の際も数多くいた。「自分が救われなくても誰かを」という、自己犠牲的な行動に出た人も少なくなかった。この大災害では2万人近くの人が大津波により犠牲あるいは行方不明となったが、その中には誰かを助けようとして自分も波に呑み込まれた人もいたことがわかっている。

2013年8月11日の産経新聞に、「車椅子の女性助け　津波に流された一人娘」という記事が掲載された。岩手県大船渡市でひとり暮らしをしながら北里大学海洋生命科学部に通っていた学生、瀬尾佳苗さん（当時20歳）は、大震災の津波の後、行方不明になった。埼玉に住む両親は、何度も大船渡市を訪れ捜索に加わったが、ひとり娘である佳苗さんを見つけることはできなかった。

そんな中、震災の年の8月、現地の知人男性からメールが届いたという。メールには、男性のもとをふたりの女性が訪ねてきたこと、ひとりは高齢で車椅子を利用しており、津波が来たときも車椅子で避難しようとしていたこと、誰もが先を急ぐ中、自家用車を運転して避難する途中の若い女性が、降りてきて車椅子を押してくれたことがつづられていた。続きの部分を記事から引用しよう。

　車椅子の老婆はギリギリ助かりましたが、その女の子は何かのはずみで転び津波に飲み込まれたという話でした!!

　押してもらいながらの二言目位の会話で北里大学の生徒だと知ったそうです!!

老婆は泣きながら話してくれました!!

思わぬ形で娘の最期を知ることになった両親は、「困った人を見て見ぬふりできない子だった。わが子ながら立派だった」と思い、いつまでも大船渡とのつながりを持ち続けるために、岩手の食材を仕入れて提供する居酒屋を埼玉で開くことを決意した。

おそらくこの女子学生は、日頃から「自分の命を犠牲にしても他人を救わなければ」と思っていたわけではないのだろう。むしろ、自分で意識している自我のレベルでは、「そんな損になることなど絶対したくない」と思っていたかもしれない。しかし、いざそういう場面になったら、胸のうちにどこからともなく「この人を置いて自分だけ逃げていいのか?」という声が聞こえてきて、それに従って行動してしまう。これもまた超自我の働きだと、フロイトなら考えるかもしれない。

## 支援を差しのべる動機は何でもかまわない

もちろん、タイガーマスク運動や、女子学生の我が身をも顧みない行動の原動力を、ヒューマニズムと考えるべきか、超自我と考えるべきか、はたまた〝人間の生きものとしての本能〟と考えるべきかは、正直言ってどうでもよいことであろう。

ただ、いま、女子学生の両親が言うような「困った人を見て見ぬふりはできない」という特質に基づく行動が取れなくなっている人が多数派になりつつあるのは現実だ。だからこそ、このような自己犠牲的行動や献身的行動は人間に本来、備わっているはずのものなのか、それとも外から与えられて初めて身につくものなのか、私たちはしっかり考えなければならないのである。

大震災直後、2011年4月の統一地方選挙で世田谷区長に当選した保坂展人氏は、選挙公示前、3月21日に記したブログで、「日本中が『仮面を脱いだタイガーマスク』に変身しよう」と呼びかけた。

険しい道のりであるのは間違いない。しかし、この大災害の時期に「自己責任論」は有害無益である。日本列島に住んでいる限り、この大災害は誰が犠牲者・被災者になってもおかしくない。被災者が「人間としての健康で文化的な生活」に戻るために「日本社会全体がお面を脱いだタイガーマスクになろう」という呼びかけをし続けることではないか。

匿名で人知れず品物を置いて去るという姿は、そのまま残ってもいい。しかし、今必要なのは顔の見える支援なのだ。

（「保坂展人のどこどこ日記」2011年3月21日）

保坂氏は、その動機が何かなどに関係なく、誰もが「仮面を脱いだタイガーマスク」となって必要としている人に支援の手を差しのべなければ、いまや「人間としての健康で文化的な生活」を続けることさえ難しい、と言っている。

実際には、大震災から3年あまりがたった現在もその状態は続いているどころか被災地外にも拡大しており、憲法が保障している最低の文化的生活さえ営めなくなりつつある人が増えているのは、前章で紹介した橘木氏の一連の格差社会論などにデータとともに記されている通りだ。大震災の直後は、保坂氏の言うように「明日は我が身」と手を差しのべる人は大勢いたが、いまや多くの人はそう思えなくなっており、再び「自己責任論」に立ち返りつつある。

そんな中で、「再びタイガーマスクになろう」という呼びかけは、どうしたら多くの人に届くのだろうか。ヒューマニズムや超自我などに頼らずに、「困っている人を助けよう」と呼びかける方法はないものだろうか。

## 「自殺・うつ対策」をしないほうが経済的に損をする

ここでひとつ有効と思われるのは、「弱い立場にある人に手を差しのべるのは、その人たちのためではなくて、自分のためになるからだ」という考えだ。

厚労省は2010年9月、自殺やうつ病での休職、失業などによる09年の経済的損失額が、推計で約2・7兆円にも上るという調査結果を発表した（「自殺・うつ対策の経済的便益〈自殺やうつによる社会的損失〉」）。

ここで、この損失額がどういう計算に基づいて出たものなのか、簡単に説明しておこう。

まず、その年に自殺で亡くなった15歳から69歳までが、もし亡くならずに働き続けた場合に得られるはずだった生涯所得額を計算する。それから、その年のうつ病患者数をもとにした休業にともなう所得の損失額や生活保護の支給額、医療費などを計算する。それらの合計が2009年の単年で2・7兆円となったのだ。

この数字は自殺対策の一環として発表されたのだが、これまで日本では、「自殺者が出ることでこんなに損している」といった経済的損失の観点からこの問題を考えることはなかった。実は、この方向性はイギリスですでに自殺対策として有効だと実証されており、日本もそれにならった形での試算に踏み切ったという。

イギリスでは、「自殺・うつ対策」の制度設計を行う中で、1998年、対策が講じられなかった場合に生じうる社会経済的な負担を項目別に推計した。そしてそれに基づいて99年、「精神保健に関するナショナル・サービス・フレームワーク」を策定、自殺死亡率を10年間で20%引き下げることを目標に対策を推進した結果、それが達成されたという。経済的損失が明らかにされることにより、リアリティを感じ、対策にも熱心に取り組む人が増えたことも一因とされる。

日本では、「自殺は弱い人がするもの」という考えが根強い。「そういう奴は放っておけばいいんだ」と考えている政治家、行政担当者、企業の経営者や人事担当者はいまだ少なくない。彼らは当然、税金を使っての自殺対策や、職場の労働状況や環境の改善、メンタルヘルス対策には二の足を踏む。「自分の勝手で死ぬ人のために、どうして他の人たちがカネを投じなければならないのか」と思っているからだ。つまり、「自殺対策はこちらの持ち出しになる」ということだ。

企業の経営者が堂々とこう語るのを、実際に耳にしたことがある。

「日本社会全体のためにも、ウチのような企業がまずやるべきは、業績を上げて景気回復を促進することだ。だから、うつ病対策、自殺対策なんかに会社としてお金をかけてはいられない。残業させるな、ゆとりを大切に、なんて言われても、そんな余裕はないんだよ。どんどん働いて稼いでもらわなければ、会社も社員も共倒れなんだ。オレは従業員の幸せのためにそう言っているんだよ」

経営者として責任があるからこそ、「もっと働いてくれよ」と言わざるをえない。その気持ちもわからないではない。だが、そうやって「もっと働け、効率、生産性をどんどん上げろ」とプレッシャーをかけられた従業員たちが、ストレスからうつ病などの心の病になっていき、さらに休業、退職と追い込まれていったらどうだろう。その人を一人前に育成するためにかけた費用や時間はムダになり、その人が稼ぎ出すはずの売り上げも得られず、結局それは会社の損失ということになる。

さらに万が一、自殺者が出て、遺族から訴えられでもしたら、それに対応するための心理的、経済的エネルギーも相当なものになる。敗訴となれば莫大な損害賠償が発生するだろう。

だとしたら、「働け」とけしかけ、「メンタル対策などにカネはかけられない」と渋るよりは、たとえ短期的には出費が増え、直接の利益には結びつかなくても、労働環境を整え、メンタルヘルス対策をきちんと講じておいたほうが、長期的には〝お得〟ということになるはずだ……。「うつや自殺で発生する損失はいくら」といった数字を見せながらこのような説明をしたら、「なるほど。それなら」と動いてくれる経営者もいるのではないだろうか。

もちろん、これは一企業にとどまることではなく、社会全体を見わたした場合も同じだ。心の病で休職する人が増えてきたからといって、「なるべく休むな」とプレッシャーをかけたり、いまは元気な人に「休んだ人の分までがんばれ」とけしかけたりしても、すでに伸びきったゴムをさらに伸ばそうとしているだけで、社会にとっては長期的に何のメリットもない。それどころか、休職者や退職者、自殺者がどんどん増加し、結果的には莫大な損失だけが残る、ということにもなりかねない。

「自殺は経済的にも損失」という調査結果は、ともすれば、「命の問題をカネで語るのか」という批判につながりかねない。それをあえて発表した政府としては、この試算によりあらためて、「自殺やそれにつながるうつ対策の必要性」に気づいてくれる人が増えるのをにらんでのことだったのだろう。

「損」になるから、困っている人、悩んでいる人を放っておいてはならない。弱者を救うことが、結局は「得」につながる。

なかなか私たちにはなじみがない考え方だが、経済活動に携わる人たちにとっては、「弱い人を助けるのは人間としてあたりまえのことだから」といった〝情〟に訴えるやり方よりも、ずっと説得力を持つのかもしれない。

しかし、これ以降、現在に至るまで、厚労省は「自殺・うつ対策の経済的便益」を発表していない。

## 企業に障害者雇用を動機づける制度

「弱者を救うほうが得をする」という考え方について、もう少し検討してみたい。

障害を持つ人たちも仕事につきやすくするために、日本ではさまざまな対策が講じられている。それを決めているのが障害者雇用促進法だ。1960年にできたこの法律は、その後、何度かにわたり改正されてきた。直近の2013年6月改正のいちばんのポイントは、民間企業の障害者雇用率を、それまでの1・8%から2・0%に引き上げたことだ（対象となるのは従業員50人以上の雇用主）。つまり、企業は、雇用する労働者の2・0%に相当する障害者を雇用することを法律で義務づけられているのだ。

では、これを満たしていない企業はどうなるのか。法律によれば、障害者雇用が2・0%未満の事業主は、法定雇用障害者数に不足する障害者の数に応じて、1人につき月額50000円の障害者雇用納付金を納付しなければならない。

一方、この納付金を財源として、より多くの障害者を雇用した企業には「障害者雇用調整金」などが支払われる。ほかにも、在宅就業障害者特例調整金、在宅就業障害者特例報奨金など、さまざまな助成金制度がある。

たとえば、雇用している全労働者数が200人を超える事業主で、法定障害者雇用率（2・0％）を超えて障害者を雇用している場合は、超えて雇用している障害者数に応じて、1人につき月額27000円の障害者雇用調整金が支給される。

わかりやすく言えば、足りなければひとり分5万円の罰金、超えていればひとり2万7000円の報奨金ということだ。

もちろん、企業が障害者を雇用するときの動機が、「罰金を恐れて」とか「報奨金がほしくて」であっては困る。とはいえ、この制度が、障害者雇用率を下回らないように、少しでも超えるようにという、企業の努力のモチベーションになっていることはたしかだと思う。

ユニクロを展開するファーストリテイリング社は、障害者雇用促進法が定める雇用率を大幅に超える障害者が勤務する企業として、早くから知られている。障害者雇用は柳井正社長の意思と言われ、同社の社内資料でも、「障がい者雇用というものは、トップがきちんと決断をしなければ、なかなか進むものではない。僕自身の経営判断として『全店舗に最低1名は障がいを持った方を雇用する』という方針を打ち出した。僕自身だけでなく、店舗のトップである店長が、本当に採用しようと思うことが必要だったからだ」と、それが重要なミッションであることが明言されている。

同社では2004年以降、障害者雇用率は7％台を保っており、08年6月時点の厚生労働省の同様の調査では、雇用率8・06％であることがわかっている。その時点での同社の常用労働者は約1万1000人で、そのうち約700人が障害者だそうだ。ただし雇用率としては、重度障害者は「2人分」と算定されるため「約890人」となるのだそうだ。

「障害者雇用」という問題になると、ビジネス誌や経済誌は必ずといってよいほど同社の人事担当者などに取材に出かける。そこで繰り返し主張されるのは、「障害者の採用は福祉目的で行っているのではなく、あくまでも企業の戦力になってもらうため」という言葉だ（「障害者雇用のフロントランナー、ユニクロの理念」『日経ビジネスオンライン』2010年7月5日号）。

その記事によると、ユニクロが採用するのはあくまで「障害のあるなしに関係なく、ユニクロで力を発揮でき、継続して働いてもらえる人」ということだ。障害のある人を誰でも採用するわけではなく、同社のCSR部産業カウンセラーが言うように、「障害のある人の中には残念ながら、当社には活躍できる場所がない方もいらっしゃいます」と不採用になる場合も当然ある。カウンセラーは主張する。「そうした人たちを雇用率目的で採用するというようなことは一切ありません」

「福祉目的」でも「雇用率目的」でもなく、障害のあるなしにかかわらず、あくまで「この人はユニクロの戦力だ」と判断された場合のみ採用される、というのはある意味、理想的な障害者雇用の姿だろう。

## 雇う側も雇われる側も得をするひとつのモデル

しかし、先の章でも紹介したように、同社の柳井社長は別のインタビューでは「年収1億円の人と100万円の人とが出現するのは仕方ない」とまで言うほどの、徹底した実力主義者だ。ファーストリテイリング社に勤務する障害者の多くが知的障害者と言われているが、彼らは本当に、障害を持たない人たちと並んで「戦力になる」と判断されて採用されたのだろうか。

もちろん、障害者の雇用を促進することじたいは全面的に肯定されるべきであり、それを批判するつもりはない。ただ、数字が公表されている同社の例を使わせてもらい、法律に照らし合わせて簡単な計算をしてみたいと思う。

2008年の同社の常用労働者は1万1000人で、現在も同数だと仮定するならば、法定雇用率2・0%は220人。それが実際は890人なのだから、670人は「超過」ということになる。その分は月額ひとりあたり2万7000円の「障害者雇用調整金」が支払われるのだから、単純計算で「670人×月額2万7000円」で約1800万円、年間ではそれにさらに12をかけて約2億2000万円だ。

同社は2013年8月期の決算で、アパレル専門店として国内初の1兆円企業になったことが明らかになった。年間2億円あまりの助成金と言えば、一般的に考えればかなりのまとまった金額だが、1兆円に比べたらわずかな額だ。助成金目的で、ここまで大勢の障害者を雇用しているなどと考えるのは、やはり無理があろう。

ただ、先に述べたように、いまではその問題に詳しい人のあいだでは「障害者雇用といえばユニクロ」と言われるほど、同社は障害者雇用の分野では先頭を突っ走っている。取材も多いので、多くの消費者がそのことを知り、ユニクロに対する好意的なイメージをますます高めているに違いない。

柳井氏は「年収1億円か1000万円か」と答えたインタビューの中で、その分かれ目になるのは「仕事を通じて（自分に）付加価値をつけられるかどうか」だと語った。そう考えると、ユニクロは自分たちに「障害者雇用の分野でダントツ」という付加価値をつけるのに成功したと言える。それは調整金で支給される2億円を大幅に上回る〝経済効果〟を持つはずだ。

もしこれが法定雇用率をわずかに超える程度であれば、助成金もわずかしか支給されず、どうしても「義務だから」という色合いが強くなる。しかし、ファーストリテイリング社のように首位を独走するほどの雇用率となると、助成金もかなりの額になり、同時に社会的な注目度が上がり評価も高くなる。

そして忘れてはならないことであるが、障害を持った人たちにとっても、「ユニクロで働いている」ことは自分の誇りとなり、経済的な自立のために有益であることは言うまでもない。

障害者という、一般的には「社会的弱者」と呼ばれる人たちに雇用という手を差しのべることで、雇う側も雇われる側も、おおいに得をしている。そのひとつのモデルがユニクロということなのだろう。

## 「得をするから弱者を救う」の落とし穴

しかし、「得をするから弱者を救う」という姿勢には、大きな落とし穴もある。それは、この姿勢は、容易に「得をしなくなったら救わない」に転じる危険性を孕《はら》んでいるからだ。

たとえば、助成金の財源は雇用率を下回る企業からの納付金つまり罰金なので、いつか底をつくこともあるかもしれない。皮肉な話だが、多くの会社が「ユニクロの例に学べ」とばかりに障害者雇用に力を入れたら、その分納付金が減って、「障害者雇用は社会に根づいたと考えられ、これ以上の助成金はいらないだろう」と減額あるいは打ち切りになることもありうる。

また、ユニクロ以上に障害者を積極的に雇用する企業が現れ、そのテーマの取材がそちらに集中するようになることもあるかもしれない。

そうして障害者雇用が、もはや経済的にも企業イメージの上でも付加価値として機能しなくなった、と判断されるような事態が訪れたとき、つまりそれほどの「得」でなくなったとき、それでも柳井社長は「いまのまま雇用を続けよう」あるいは「さらに増やそう」と言い続けられるか。

このような場合は、彼らが「ウチはそうではない」と言い切っている「福祉目的」のほうがむしろ、「たとえ損をしてでも、雇用を続けなければ」ということで、雇用継続に力を発揮するのではないだろうか。

企業も私たちも、「感情論ではなく合理的に考えても有益だ」とか「どちらにとっても得がある、いわゆる〝ウィンウィン〟の関係」という言葉に弱い。国はそこをついて、「助成金」といったシステムを講じ、社会的弱者への働きかけのモチベーションにしようとしている。それはたしかに効果的ではあるのだが、ここまで述べてきたように、万が一、それが有益とは言えない事態が生じたときに、働きかけや援助はそこでストップしてしまうことも意味する。そのことはつねに念頭に置いておく必要があるだろう。

## なぜ被疑者・被告人の権利は手厚く保障されるのか

東京弁護士会に所属する法律家の伊藤真氏は、改憲に反対する立場から、講演やインタビューなどでよく次のような話をする。

改憲論議のなかで、よく、「被害者の人権が一言も書いていないのに、被告人、犯罪者の権利、人権ばかりが書いてある。このような憲法はおかしいではないか」などと言われたりします。

（2006年4月18日／衆議院第2議員会館での「死刑廃止を推進する議員連盟総会」記念講演より）

たしかに現行憲法に「被害者の人権を保障する」という明文はなく、逆に31条から39条まで、被疑者や被告人の権利を保障する条文ばかりが並んでいる。伊藤氏は、これは「あえてそう規定した」と言うのだ。

では、なぜ被疑者や被告人が手厚く守られなければならないのか。その理由は、憲法の目的が「強者に歯止めをかけ、弱い立場の者を守る」ことであり、「強弱の関係がもっとも現れるのが、国家と被疑者、被告人、または死刑囚のような罪を犯した人たち」との関係だからだとされる。

そして、この次が伊藤氏の解釈のユニークな点なのだが、「いちばんひどい扱いを受ける恐れのある人たちの人権を守れる国は、他の多くの国民の権利も当然きちんと守れる国である」と説く。つまり、「最低の扱いを受ける可能性のある死刑囚さえ人権が守られるのだから、ましてや一般の人たちの人権が守られないわけはない」という証になっているということだ。

あるいは、万が一、一般の人たちの人権が損なわれることがあった場合には、「犯罪者でさえ最低限の生活ができているのに、なぜ私たちがこんな扱いを受けなければならないのか」と堂々と声を上げることができる。現在の憲法はその根拠としても機能しているはず、と伊藤氏は考えているのだろう。

## 自分を安心させる「保険」としての弱者救済

しかし、この解釈にも異論を唱える人はいる。

たとえばネットのビジネスマガジン『ビジネスジャーナル』(2012年4月25日号)には、「0円で楽園生活を満喫できる!? 刑務所〝志望〟者が急増中」という記事が掲載された。そこでは、元受刑者が「まず刑務所での服役中は、衣食住費や医療費はタダ。もちろん出所後に服役中の食事代や医療費などを請求されることもない。また、更生保護施設へ入所すれば、こちらも刑務所と同じく、食費をはじめとする生活費はかからず、完全無料といっても差し支えないですね」と語っている。

中には、出所して就職できないときは、「何か適当な犯罪」を犯して刑務所に舞い戻れば「全部国が面倒みてくれる」と豪語する人さえいるという。つまり、刑務所での人権の保障により、「刑務所行き」が犯罪の抑止になるどころか、むしろ犯罪を助長している可能性があるということだ。実際に、年末などになるとしばしば、「年を越すお金がなく、刑務所に入りたかったから」といった理由で無銭飲食や万引きなどをして逮捕される、といった事件が報じられる。

ただ、「加害者の人権の保障」がどれくらい犯罪を助長しているかという問題はさておき、「いちばん弱い立場に陥っても生活が保障されること」が、私たちの心理的なセーフティネットとして機能するのは事実であろう。

たとえば、最近は異常気象によって災害の被害にあう人が増えている。豪雨による水害、竜巻、さらには震災の被害は、いつどこで発生するかわからない。国土の狭い日本に住む誰にとっても、災害の被害はまさに「明日は我が身」と言える。

2013年にはフィリピンも大きな台風に見舞われ、たくさんの犠牲者が出るとともに、家屋や仕事を失った人が大勢、出た。その人たちへの救援の手はなかなか届かず、飢えて立ちつくす人たち、略奪が起きた食料品店などの様子が、ニュースでたびたび報じられた。もし、それが日本の話だったとしたら、見る人たちは「私の地域を台風が襲ってもこうなるのだろうか」と不安に駆られただろう。しかし、多くの人は「日本はこうはならないに違いない。万が一、私が台風の被害にあっても、避難所や食料が用意されてもっとマシな扱いを受けるだろう」と思っていたに違いない。

医療に関してもそうだ。アメリカのように国民健康保険のシステムがなく、高額な医療費が払えなければ満足な治療も受けられない、という話を聞くたび、多くの人は「日本ではいくらなんでもこんなことはない。だから、インフルエンザでタミフルなど特殊な薬が必要になっても、胃がんなどにかかって手術を受けなければならなくなっても、そこそこの治療は受けられるはず」と自分に言い聞かせているはずだ。

もっとも、最近は日本でも、最先端医療など健康保険の使えない自由診療が日常的に行われるようになってきて、週刊誌などでは「命もカネ次第」といった記事が掲載される。経済的に十分なゆとりがない人たちがそのような記事を目にしたら、「もし私が病気になったら、こういった医療は到底、受けられないから黙って死ぬしかないんだな」と思い、気が滅入るに違いない。

このように、災害の被害者、失業者、病気の人や高齢者など弱い立場の人たちの人権や生活を保障することには、「もし私がそうなったとしても、十分なケアを受けられるから大丈夫」と自分を安心させる〝保険〟の機能が含まれている。犯罪加害者や失業者については、「自分は絶対、そんな立場にはなるはずがないのだから、私が払う税金でそんな人たちの衣食住まで保障するのは反対だ」と言い切ることができる人もいるかもしれないが、災害や病気の場合は「私はそんなこととは無縁」と言える人は誰もいない。

このように、弱者救済のモチベーションの大きな部分を、「明日は我が身だから」「将来の自分の姿をそこに見るから」という自己救済の目的が占めているのは事実であろう。

## 「明日は我が身」でなければ救わなくていいのか

ではもし、自分は犯罪加害者や失業者にならないだけではなく、特殊な医療を受けていて高齢にも病気にもならず、要塞のような家に住み災害の被害にもあうことはない、という人がいたとしたら、その人は「私には弱者を救済する義務はない」と言うことが許されるのだろうか。

アメリカなどに住む大富豪には、たとえばマイクロソフト創始者のビル・ゲイツ氏などは、すべてを手に入れてもっとも安定度の高い生活を送っている。もちろん、アップル社のスティーブ・ジョブズ氏のように、大富豪でも膵臓腫瘍といった病に倒れることはないとは言えないが、彼らが失業したり台風で家を失ったりすることは、ほぼ考えられない。

では、彼らのような人たちは、「〝明日は我が身〟は永遠にやって来ないのだから、弱者に手を差しのべる必要がない」と主張するかというと、少なくとも表面上はその逆だ。

ビル・ゲイツ氏の寄付総額は、2010年の時点で3・7兆円に達していることが公表されている。投資家のウォーレン・バフェット氏とともに「ほかのアメリカの億万長者たちにも寄付をさせよう」というプランを打ち立て、すでに「40人から20兆円」の寄付を取りつけ、教育やアフリカ支援のために使っているのだという。

彼らはいったい、なぜそんなに莫大な金額を寄付しているのか。もちろん「税金逃れ」とか「もう十分、儲けて使いきれないから」という理由も間違ってはいないだろうが、どこかでアメリカ社会に残る、「富は天に貯金するもの」というキリスト教的な精神も、それを促しているように思われる。

## 「人間はみんな罪深い」と考えるアメリカ大富豪

自由主義、競争主義のアメリカ社会には、キリスト教精神がどれぐらい根づいているのか。

ハワイで大学生活を送り、日本に帰国後も外国人ジャーナリストとの親交が深かった櫻井よしこ氏は、自伝的人生論『迷わない。』(文春新書／2013)の中で、一時は教会にも通い、「キリスト教に改宗してもおかしくない環境にあった」と率直に述べている。にもかかわらず、櫻井氏が「洗礼を受けるところまでは行きませんでした」というのは、どうしてなのか。

それは、キリスト教の教えの中でたった一点、「人間はみんな罪深い」という考え方をどうしても受容できなかったからだそうだ。櫻井氏は、人間に対してとても肯定的な見方をする母親の強い影響を受けて育ったこともあり、「生まれながらに罪深い」「神に許しを乞いなさい」と言われると抵抗を感じた。そういったこともあり、いまは「自然への敬い」を基本に神道と仏教とが融合した日本的な宗教観に親しみを感じ、神社を通るたびに「神様へのお礼を申し述べつつ暮らして」いる、ということだ。

おそらくキリスト教的な宗教観や文化が社会の根っこにある社会では、あのポジティブなアメリカでさえ、どこかにこの「人間は罪深い存在」という共通認識があるのだろう。だからこそ大富豪たちも、自分が手にしたあり余る富に罪の意識や怖れを感じ、それを寄付しようとするのではないか。

もちろん、「寄付しなければ神に罰せられる」というほど具体的な恐怖を感じるわけではないが、それでも寄付に対して期待しているのは、文字通り「浄罪」の効果だと思われる。「大富豪になった私をほめてください」ではなく、「富をひとり占めしている私をお許しください」とひそかに祈る気持ちが、日頃意識にのぼることはないにしても、まだ彼らの中には残っているのではないか。

もっとも、マスコミで「大口寄付」が話題になるのは、ケタはずれの大富豪や世界的著名人だということも忘れてはならない。それよりは下のクラスの富裕層までが寄付を通じて社会的弱者への救済に寄与しているかどうかは、はっきりしない。

前章で紹介した『階級「断絶」社会アメリカ』やNHK「クローズアップ現代」に登場する、低所得者層に無関心な人々やあからさまに彼らへのケアを拒絶する富裕層、健康保険を国民皆保険制度に近づけようとしたいわゆる〝オバマケア〟への強い反発を見ていても、現在のアメリカの富裕層が全体として罪の意識を感じ、贖罪《しょくざい》の意識から社会貢献や寄付に励んでいるとは思えない。とはいえ、たとえ一部のスーパーリッチだけにせよ――その動機が贖罪なのか単なる税金対策なのかはさておき――莫大な寄付をするというのは、社会福祉にとっても悪かろうはずはない。

こうやって考えてみると、宗教的土壌の乏しい日本で、災害や病気が現時点では「明日は我が身」ではない恵まれた立場の人に、「困っている人、弱っている人に救いの手を差しのべるのはあなたの義務だ」と納得してもらう根拠を見つけるのは、とてもむずかしいということがわかる。

# 第6章　それでも人は手を差しのべてきた

## なぜ宗教は「弱者を助けよ」と命じるのか

なぜ、弱者を救わなければならないのか。

この問いに対する最強の答えを与えてくれるのは、前章の最後に触れたように、やはり宗教ということになるのだろうか。答えの与え方には、「神もそうしたから」と模倣するように促す、「神がそうしなさいと言っている」と説明なしで促す、「弱者を見捨てた人は神に罰せられる」と脅し口調で促す、といくつかのパターンがある。いずれにしても「神」という超越的な存在が持ち出された時点で、それを信じる人は「どうして?」とそれ以上、理由を尋ねることを禁止される。というより、理由を考える必要がなくなり、自動的に弱者に手を差しのべることは神も喜ぶ善行なのだ、と信じればよくなるのだ。

世界の宗教の多くにはこの「神が人間を救ったように、人間どうしも弱者を見捨てることなく救いの手を差しのべるべき」という教えが含まれており、これまで見てきたように、ユダヤ教、キリスト教、イスラム教といった一神教ではとくにそれが強調される。

それらの宗教では神の力はあまりに絶対的であるため、誰もが基本的には「神の前では平等（に罪深くちっぽけな存在）」なので、五十歩百歩の者どうし、困っている人、弱っている人がいれば手を差しのべるのはあたりまえ、ということになる。

ただ、これらの宗教のように唯一の神を仰がない、たとえば日本の新宗教、新々宗教と呼ばれるものの多くにも、少なくとも同じ信仰を持つ人どうしはお互い助け合おう、という互助の精神が教えに含まれている。地縁、血縁が薄くなった近代以降に誕生した新宗教の中には、生活互助会的な性質こそが勢力拡大の大きな原因となったものさえある。

櫻井よしこ氏は、前章でも紹介した『迷わない。』の中で、「天理市に生まれていたら私は天理教の信者になったかもしれない、と思ったくらい」、江戸時代の終わりに成立したその新宗教に取材を通して親しみを感じた経験を述べている。同書から引用しよう。

自分を限りなく謙虚なところに置いて、世俗の権力や財力からできるだけ切り離して、己を見つめる。そこから魂の救いや他者への本当の思いやりが生まれてくる、という思想ではないかと思います。

では、天理教はどのように信者を「謙虚なところ」に導くのか。天理教の場合、キリスト教のような絶対的な神を持ち出すのではなく、どんな人にも教会の「床磨き」を課して、「自分の足下、人様が足で踏んで行くところを這うようにして磨く」ことにより、そうなっていくと言うのだ。

このように、大いなる神にひれ伏すものからひたすら「床磨き」をするものまでと、かなりの違いはあるが、宗教は総じて「人間は平等。だから他者に思いやりの気持ちを持ち、救いの手を差しのべよ」と説く、と考えてよいだろう。

本書のテーマからは少し離れてしまうのだが、ここでひとつの疑問が生まれる。それは、「弱者を助けよ」と命じる宗教があったから人は慈善や福祉を行うようになったのか、それとも慈善や福祉の必要性がまずあり、そのために〝後づけ〟で宗教が人によって作られたのか、ということだ。

ここで「神は存在するか否か」といった神学的論争を始めるつもりはない。ただ、たとえ神が存在したとしても、その言動を教義としてまとめたり教典として執筆したりしたのは人間だ。そのとき、「弱者救済」の理由づけとして神の言葉を採用しよう、と考える人がいたとしても不思議ではない。だとすると、前章で紹介した佐藤優氏の考えの通り、聖書や教典などの編纂者たちも『神の意思』を強調しないかぎり、弱者を救うべき理由を見つけるのは不可能だ」と直感的に感じていたのかもしれない。

## 神から道徳へ、道徳から功利主義・自由主義へ

しかし、いまや「聖書に書いてあるから」「誰もが『床磨き』をするべきだから」など、宗教をよりどころとして人間の平等や弱者を救済する義務を強調しても、それが説得力を持つのはごく一部の人に対してのみである。その理由のひとつは、とくに欧米では、「神がおっしゃっているから」といった言葉をうのみにするような純粋な信仰を持つ人が減りつつあることだ。そして、さらに強力な理由は、宗教より大きな強制力を持つ考え方や問題が私たちの生活を支配するようになったことである。

それは、言うまでもなく「市場経済」と「個人の自由」である。より利潤を追求した

い、より自分の意思に正直でありたい、と考える人たちは、いくら「神は貧しい者、弱い者を助けるようにと述べた」などと言われたとしても、それによって仕事や生活のあり方を変えようとまでは思わないだろう。

倫理学者の加藤尚武氏は、初学者が現代社会の諸問題を考えるための入門書『現代倫理学入門』（講談社学術文庫／1997）の中で、いま倫理を語る上で忘れてはならないのは「脱宗教的な世俗性」「市場経済が背景にあること」「多数決原理が認められていること」だという。加藤氏はこれを「功利主義的、自由主義的、民主主義的性格」と名づけ、この3つの特徴が組み合わせられた現代というシステムでどのような倫理学が有効か、その答えはまだ出ていない、としている。

この3つが絡み合ったシステムができ上がる直前までは、もっとも有効と思われていたのはベンサムと並ぶ功利主義者と言われるJ・S・ミルの『自由論』（1859）だった、と加藤氏は言う。功利主義は「最大多数の最大幸福」を重んじる立場だが、加藤氏によれば、ミルはそこに「個人の自由」という要素を導入した。加藤氏によるミルの「自由論」の骨子の要約を引用させてもらおう。

①判断能力のある大人なら、②自分の生命、身体、財産などあらゆる〈自分のもの〉にかんして、③他人に危害を及ぼさない限り、④たとえその決定が当人にとって不利益なことでも、⑤自己決定の権限をもつ

このベンサムやミルの功利主義は、「道徳」を重んじるカントの倫理学へのアンチテーゼという形で生まれた。

カントは、道徳的な振る舞いのよりどころとして、純粋な市民的な理性を強調した。そして、理性が与える道徳法則に従い、義務として自律的に行為すること、そのことだけが道徳的である、と考えたのだ。

「神がそう命じるから」ではなくて、ただひたすら「それが道徳的だから」という内面から生まれたルールに従って善い振る舞いを行え。

カントのこの主張は、宗教を持ち出すことなく弱者への救済を含めた善行を促す、というひとつの大きな飛躍ではある。だが、ベンサムやミルに限らず、それ以降を生きて

いる人たちには到底、そのままは受け入れられない議論であろう。まず、「そもそも自分を無理やり律してまで道徳的に振る舞わなければならない理由は?」と、その動機のところから疑問の声が上がりそうだ。だが、その点に関してカントは、「道徳的法則に対する尊敬こそ唯一の、またそれと同時に疑いをさしはさむ余地のない道徳的動機である」として、それ以上、「なぜ道徳を尊敬すべきか」といった問いに明確な答えは与えていない。

## 市場経済と多数決を乗り越える「倫理」は見つかるか

しかし、カントを乗り越える形ででき上がった功利主義や、さらにそこに「個人の自由」を導入したミルの「自由論」にしても、いまの時代にそのまま当てはめることはできない。それは、ベンサムやミルの時代にはなかった「市場経済」や「多数決の論理」が現代社会のベースになりつつあるからだ、と加藤氏は考える。

ベンサムやミルは、功利主義者ではあるが平等主義者でもあった。「最大多数の最大幸福の原理と平等とが一致する」というあたりが、現代を生きる私たちにはにわかには理解できないのだが、実はベンサムやミルは世俗的なヒューマニストである。ベンサムは「すべての者を一人として数え、誰をも一人以上に数えるべきではない」と言い、ミルは「各人は幸福に対する平等な権利を持つ」と書いているのだそうだ。だとすると、本来の功利主義は、その言葉から連想される自己中心主義とはまったく異なる、「誰もが同じように最大限の幸福を手にできるようにすること」という意味合いを持つことになる。

ところが、現代社会ではそれは非現実的だ。たとえば、加藤氏は次のような例を持ち出す。

金持ちが六割、貧乏人が四割いる社会を想定してみる。国民総所得を増大させるが、同時に所得格差も増大させるような経済政策が、よいか悪いかを、投票で決めるとする。

宗教が絶対的な時代、カントの道徳が生きている時代であれば、間違いなく「そのような政策は間違っている」ということになるだろう。ベンサムやミルは必死にそうなった場合とならない場合の「各人の幸福の総量」を計算し、少しでも平等になるように、と考えるかもしれない。

実際はどうだろう。加藤氏の問いにあるように「投票で決める」という民主主義の論理が適用されれば、6割を占める「金持ち」は宗教の時代やカントの時代に生きているわけではないので、経済最優先という現代的価値観に従って「総所得が増えれば私はもっと豊かになるだろう」とこの政策を支持する可能性が高い。

そうなると、所得格差はさらに拡大することになる。いまのアメリカや日本はまさにこの状態と言える。ベンサムやミルの時代の功利主義とも違う、「市場経済」と「民主主義」がベースの新・功利主義が社会の基本になり、その結果として貧困問題、格差の拡大問題が起きている。そしてそれに対して、「救うべき」という有効な論理を見つけられずにいる、ということだ。

## 「所与の条件をすべて取り去る」など無理?

その問題を解決するために登場したのが、ひとつは前述したロールズの正義論である。ロールズは、すべての人が自分の生まれつきの条件を取り去った「原初状態」にあるという前提に立って、社会のさまざまな制度を作っていくことこそが正しいと考える。

自分が男なのか女なのか、先進国にいるのか民族紛争の国にいるのか、親が金持ちなのか貧乏なのか、スポーツの才能に恵まれているのか足が遅いのか、何も知らない。そういう「無知のヴェール」（著者注・原語は the veil of ignorance で、倫理学の世界では「無知のヴェール」と訳されるが、「自身の利益のみに基づいて選択するのを防ぐために、自身の出身・背景、家族関係、社会的な位置などについて何も知らないと仮定すること」という意味なので、「無知」という否定的な訳語は適切ではないように思う）で選択されることこそが「正義」だというのが、ロールズの考えだ。

これが守られていれば、生まれつきの条件などで誰かが有利になったり不利になったりすることはなく、社会の決まりごとなどはただお互いの「公正な交渉と合意」の結果となる。もちろん、貧困にあえぐ人が「公正な交渉」を行い「合意」に到達するためには、この状況を何とかしてほしいと考えるであろうし、親の財産を受け継いでいる人は

「無知のヴェール」によりそれを何としても守ろうなどとは考えず、「では適切な社会保障を行いましょう」と申し出るだろう。

ロールズの平等論は、「大いなる神の前ではみな平等」という宗教的なそれとも相通ずる。だが、逆に考えれば、人は「神」もいないところで、与えられた条件から目をそらすような「ヴェール」を自らかぶったりするものだろうか。

ロールズは別に、「人間すべからくみな平等たるべし」と、すべての富を等しく分配するようにと主張しているわけではない。ベンサムやミルの功利主義においても前提とされていた平等論を、「原初状態」という規定を持ち込むことによってさらにはっきりさせようとしているだけだ。だがそれにしても、運や偶然性の結果、与えられた条件はすべてないものとして、という設定にはかなり無理があると言わざるをえない。「原初状態」で考えればすべてがうまくいくとしても、「どうしてあえてそんな無理な状態を設定しなければならないのか」と動機を聞かれた場合、それに対する適切な答えがないからだ。

## 共同体の「共通善」を説くサンデル

マイケル・サンデルは、功利主義にしてもロールズの平等論に基づく「正義」にしても、そもそも「個人」が単位となって「自由」や「幸福」が考えられるのが間違っている、とする立場だ。共同体主義（コミュニタリアン）とされるサンデルは、いくら「何も背負うものがない自己」とうそぶいても、そこには必ず家族、地域や社会関係が刻印されている、と述べる。だから、個人の自由や市場経済が重んじられる現代社会でも、何とか共同体の「共通善」を見つけ出し、所属するメンバーはその実現を目指すことが大切というわけだ。

サンデルの著作『これからの「正義」の話をしよう』から引用しよう。

　われわれは正義に対する三つの考え方を探ってきた。第一の考え方では、正義や効用や福祉を最大化すること——最大多数の最大幸福——を意味する。第二の考え方では、正義は選択の自由の尊重を意味する——自由市場で人びとが行う現実の選択であれ、平等な原初状態において人びとが行うはずの仮説的選択であれ。第三の考え方では、正義は美徳を涵養することと共通善について論理的に考えることが含まれる。もうおわかりだと思うが、私が支持する見解は第三の考え方に属している。

では、何が共通善なのか、と誰もが尋ねたくなるが、サンデルは「その共通善を作り上げることが〝これからの正義〟なのです」と言う。

ここではサンデルの議論にこれ以上、立ち入ることはしないが、サンデルの言う「第一の考え方」つまりベンサムやミルの功利主義、「第二の考え方」つまりリバタリアンと呼ばれる徹底的な自由主義やロールズの正義論、さらにそれらに先んじて倫理や道徳について論じられたカントの哲学、これらの問題点や現代社会にそぐわない点はよくわかる。だが、だからといって「共通善を目指せ」といきなり共同体主義が出てくると、いささか面喰らってしまう。

共通善は多数決の論理で簡単に決められるものではなさそうだが、万が一、「弱者を救済しないのがこの共同体の共通善ということになりました」という場合は、その結果を吟味することなくそれが実行されていくのだろうか。あるいは、自分が属する共同体で採用された共通善が自分自身の価値観とあまりに違う場合でも、そこは涙を呑んで受け入れてその実現につとめなければならないのだろうか。

このように考えてくると、「神」のないところで何とかして現代的な倫理を打ち立てようとする試みは、いずれもあまり成功していないように思われる。

## 福祉政策が資本主義を発展させたという側面

では、倫理学以外からのアプローチはどうなのだろう。

政治学の立場からの福祉に関するユニークな研究も多い新川敏光氏は、いささかドライにこう言い切る。

私が福祉国家に関心を持つのは、社会問題への関心がとりわけ高いからでもなく、平等に関する規範論を専門とするからでもない。それが資本主義経済と民主主義政治が切り結ぶところに立ち現れる、極めて政治経済学的な現象であるからに他ならない。

（「基本所得は福祉国家を超えるか」『現代思想』２０１０年６月号）

では、資本主義経済の特徴とは何か。それは「労働力が商品化されることにある」と、新川氏はマルクスの説を援用する。しかし、いくら商品化されたとはいえ、何らかの事情で働けなくなったとき、「労働力は他の商品のように廃棄処分するわけにはいかない」。

そこで、その人たち、すなわち資本主義経済社会における弱者となった人たちに何らかの手を差しのべなければならないわけだが、それにもヒューマニズムだとか倫理だとかとは関係ない明確な理由がある、と新川氏は説明する。

大量の困窮した失業者が街頭に溢れれば、彼らは治安上取り締まりの対象になる。社会主義者に扇動され、革命に駆りたてられでもすれば、それは「体制の危機」に結びつく。

また、景気がさらに良くなり、多くの労働力が必要となった場合のためにも、失業者をキープしておくことが必要になる、という。また、多くの研究が「貧困問題が個々人の偶発的な問題ではなく、資本主義が創り出す構造的な問題であり、これを政治が管理する必要がある」ことを示唆している、とも述べる。

仕事を失って何のケアもされない人が増えれば革命が起きる、というのはやや論理の飛躍のような気もするが、宗教、倫理、あるいは人情や憐憫といった感情を持ち出さずに弱者救済の必要性を説こうとする姿勢には、前章の「損失利益論」と同じように、現代の経済システムの中に生きる人たちの関心も惹きつけたい、という狙いがあるのだろうか。

逆に考えれば、「仕事を失った人の貧困は自己責任であり、それを国家や社会でケアする必然性はない」という声が高まりつつある中、そうでもしなければその人たちが「なぜ弱者を救うべきか」という問題を真剣には考えてくれない、ということかもしれない。

さて、その真意はともかく、新川氏は「資本主義社会の要請に応え、脱商品化した労働者が救済される福祉」について論を進める。そして、ある時点までは、福祉は資本主義の発展に見合うものだった、と言う。

すなわち、労働者は福祉政策に協力するという形で、〝革命分子〟から体制に包摂される存在となった。アメリカのような自由主義社会では福祉サービスが市場で実現され、経済を後押しした。また福祉を受けて労働者として復帰した人は、消費者としても経済に寄与する。いや、たとえ生活保護のような福祉を受けているあいだも、その人自身はある程度の購買力を失うことはないので、経済活動に参加していると考えられる。つまり、あえて関西の商人の口調を使うと、福祉国家が実現されても「損はさせまへんで」ということだったのだ。

しかし、80年代に入り世界の国々の自由主義バイアスが強まると、福祉国家はむしろ、経済に対して否定的な効果を持つものとなっていった。とはいえ、完全に「福祉は損」と切り捨てるわけにはいかなかったのは、福祉が「商品化された労働力の安定的な供給」を支えていたからだ。そこで、「労働意欲を持っていながら、失業している、労働力商品化に失敗している者たちをなんとか就業させよう、労働力を商品として売れるようにしよう」という「社会的包摂戦略」を軸に、各国の福祉政策が再編された。

## ベーシックインカムとは何か

このように、現代の弱者救済政策では「労働と福祉の関係強化」が目指されている、と新川氏は考える。ただ、必ずしもそれがあるべき方向だとは新川氏は考えていないようだ。そこで考察の対象にされるのが、「最低所得保障を普遍主義原則に基づいて分配する」、ベーシックインカム（以下ＢＩ）という新しい政策だ。

ＢＩは、現在の生活保護に替わる制度として日本でも民主党政権時代にかなり具体的に検討されたが、その後、議論は立ち消えになっている。

「無条件にすべての人に同じ額を給付」とは現実離れしているように聞こえるかもしれないが、日本でも１９９９年と２００９年に、それぞれ１回ずつの「定額給付」が行われた。

99年には当時の小渕内閣が、財源を国が全額補助する形で、全国の市区町村発行の「地域振興券」を国民ひとりにつき2万円分ずつ交付。また09年には、麻生内閣がひとり１万２０００円、65歳以上の者及び18歳以下の者には2万円の現金を給付した。

いずれも生活費ではなく、消費の活性化を目的とされた給付であったが、それぞれの経済状態は問わない一律給付であり、またその後、「何に使ったか」と問われることもなかった。BIも基本的には弱者の救済を目的としているのではなく、国民に平等に与えられる権利と考えられているので、年俸数億のプロ野球選手や巨大企業CEOにも同じ額が給付される。

また、BIはその人の所得や収入だけではなく、「働く意思の有無」も問わない。つまり、「働きたいのに健康を害している、働き口がないので十分に働けない」という人が生活を支える基盤としてBIを受け取る権利があるのではなく、たとえば「よし、何もしなくても毎月お金がもらえるなら、その範囲で暮らすことにしよう」とますます働く意欲を失う人にも、BIは支払われるのである。

これは「近代の労働観そのものに反するため、最も激しく攻撃を受ける」と新川氏は言う。福祉や労働研究の分野では「労働をしないで給付だけを受け取る怠け者」は「フリーライダー（ただ乗りの人）」と呼ばれる。新川氏はこの点に関してはそれほど心配はいらない、と言う。

ＢＩは生存権を保障する最低限の給付である。仮にこれが提供されたからといって、大衆消費財を生活必需品と感じている人々にとって、賃労働への意欲が薄れるとは思えない。ほとんどの者はプラスアルファの所得を求め、賃労働を行うだろう（マリブのサーファーもＢＩを受け取れるが、ＢＩを受け取ったからといってマリブのサーファーになれるわけではない）。

このフリーライダーの是非について検証したトニー・フィッツパトリックは、その著書『自由と保障』（勁草書房／２００５）の中で「フリーライダーの存在は社会が寛容で自由であることの証と考えるべき」と述べた上で、ＢＩが導入された社会にこそ、契約によってではなく自発的な協定による協同活動が行われる可能性を、次のような理由とともに指摘する。

なぜなら人びとは（他の所得がすべてなくなったとしても）保障される所得に常に頼ることができるからである。

フィッツパトリックによれば、ＢＩ社会での真のフリーライダーとは、「当初自発的に同意したにもかかわらず協同活動へ貢献することを拒む者に限られる」。そして、「基本的で無条件の権利を導入することによって、平等な自由主義社会のなかに協同的で互酬的な活動が次々と行われるような空間を築きたい」と、「働かざる者、食うべからず」的な労働観から解放された人びとによる協働社会を夢見るのである。

## フリーライダーへの希望的観測と現実

しかし、生活を保障されたフリーライダーたちが、従来の労働とは違う形で協同活動をし、自分たちより弱い立場にいる人への手助けなどを始めるかどうかは定かではない。フィッツパトリックが前提としているのは、「経済的に自由になれば弱者を救済する資質を持っているのに、目の前の生活に縛られてそれができずにいる」という、無邪気なほど倫理的な人間像という印象がある。

実際には、ＢＩを支給され生活の心配から解放され働く気もなく、時間だけできたフリーライダーたちは、他の人がもらっているBIをかすめ取ろうとして詐欺行為に走るかもしれない。彼らが、マイケル・サンデルが言うようなコミュニティの「共通善」にかなった働きをするという保証は、どこにもないのである。そういう意味ではフィッツパトリックの描くBI社会の未来は、かなりの希望的観測に基づいたものと言わざるをえない。

だとしたらまだ、「フリーライダーは自由な社会の証」と割り切り、その人たちが従来の意味での労働をしようが、社会的な善行をしようが、はたまた詐欺などの悪だくみに走ろうが、「こういう人たちを容認できるほど私たちの社会は自由なのだ」と笑顔で見守る寛容さを求めるほうが現実的という気がする。

もちろん、実際にはフリーライダーたちが遊んだりいたずらをしたりするのを、小林一茶さながらに「われと来て遊べや親のない雀」とほほえんで見すごす余裕は、私たちにはないだろうが。

## 答えが見つからないと知りつつ考え続けてきた

このように、私たちはいろいろな理屈をつけては、「だから弱い立場の人に救いの手を差しのべるべきなのだ」と主張し、さまざまな制度を作ってきた。

ここではそのすべてを検証することはできなかったが、人間は本来の自然状態では平等であったのに、歴史的な進歩とともに不平等が蔓延《まんえん》し強者と弱者が誕生することになった、それゆえに法や制度では少しでも自然状態に戻そうとすべきだ、としたルソーの「人間不平等起源論」など、「だから弱者に救済を」と独自の根拠に従って訴える理論はほかにも枚挙にいとまがない。

しかし、そのいずれもが一長一短であり、「なぜ弱者を救うのか」という問いに対する究極の答えを、私たちはまだ手にできていない。それどころか、最近は「その必要はない。強者はその富や名誉を独占する権利があり、弱者はそうなったのは自己責任と考えて自力で何とかするか諦めるのが筋だ」という意見を訴える人たちや社会さえ登場し、急速にその声は大きくなりつつある。

ただ、ここで逆のことも言えるのではないだろうか。

ルソーの主張を振り返るまでもなく、原始的な共同体から発展していく中で、社会に権力の差、貧富の差などの格差が生まれ、それが拡大していくのはひとつの必然であるということを私たちはよく知っている。そうでありながら、「それでもやはり弱者を救うべきだ」という考えを手放すことなくここまで来た、ということだ。

その背景にはもちろん、この章の冒頭で見たような宗教的な理念もあったかもしれないが、必ずしも信仰の力が強くない時代や社会でも、「弱者への救済」を完全にやめたことはこれまで、一度としてなかったはずだ。「なぜ弱者を救うべきか」の理由として考えられてきた無数の根拠は、どれひとつとして究極の答えにはならなかった、と述べたが、それは逆に言えば「考えても考えても答えが見つからないのは明らかなのに、それでもなお考えようとしてきた」ということでもある。

私たちはきっと、本当は積極的かつ自発的に弱者を救いたいのではないだろうか。それは「ありがとう」と感謝され自尊心を満たしたいからかもしれないし、「そうしないと罰せられる」と、自己の中の超自我の機能に怖れを抱くからかもしれないし、子どものときに読んだおとぎ話などが強烈に印象に残っているからかもしれない。もしかしたら、弱者を救済しているところを誰かにアピールして「いい人ね」と思われたい、という世俗的な理由によるのかもしれない。

しかし、理由は何であるにせよ、明らかに弱者のことなど切り捨てて、自分のことだけ考えるほうが効率的であることを知っているにもかかわらず、あれこれと理屈をつけては「仕方ないから、弱い人にも手を差しのべるか」と自分に言い聞かせ、決して完全には救済をやめようとはしないのである。

## 「かわいそう」から「何とかしよう」へ

なぜ、弱者を救うべきなのか。この問いに、私はこういう問いでこたえたい。「あなたはなぜ、それほど弱者を救うのが好きなのか」

救うのが好きだから、救う。「好き」という言葉で表現すると誤解を生じるかもしれないが、それ以外に適当な表現が思い浮かばない。

この「好き」は、神学などで言う、それ以上、「なぜか」と遡《さかのぼ》ることのできない「究極目的」に近いのではないかと思う。つまり、その先には目的がない、それ自身のために求められる目的ということだ。「本能」にも近いのかもしれないが、動物がおしなべて弱い個体を救うわけではないことは前の章でも見てきたので、そう言い切ってしまうには抵抗がある。

ただ、人間あるいは一部の動物たちには「かわいそう」「見ていられない」という素朴な感情があるのもたしかなのではないか。

『日経サイエンス』2013年2月号の特集「サイコパス」は、そう呼ばれる人たちの心や脳の特徴がさまざまな角度から浮彫りにされる。その中で、ニューメキシコ大学の神経学者K・A・キール氏らは、脳波や脳スキャンの解析から、反社会的な傾向を強く持つサイコパスたちは、他者の心の動きや感情を示す手がかりを読み取る能力に重大な問題があると説明する（「サイコパスの脳を覗く」）。本文から抜粋して引用しよう。

サイコパスの最も際立った特性のひとつは、他者に対して共感を持てないことだ。

（中略）

普通の人々が世の中の意味を理解するのは、ほとんどが情動を通してだ。情動が私たちの直観を形作り、他の人々や場所とのつながりを構築し、帰属感や目的意識を生み出す。感情を持たない人生を想像することなどほとんどできない。もっとも、それもサイコパスと出会うまでだ。

さらにキール氏らは、彼らは危険な犯罪者や詐欺師ではなく、「特定の生理学的欠陥のせいで他者に共感できず、安定した人間関係を形成できず」という人たちなのだから、薬物療法や行動療法といった治療の対象になる人たちだということを強調する。

裏を返せば、こういった欠陥を持っていない人であれば、他人の痛みを痛みと感じ、苦しみやつらさの感情に共感する能力を誰でも生得的に備えているということなのだ。だとすれば、社会的な弱者という立場に陥って困り果てている人を見れば、「どんなにしんどいことか」とその胸のうちに思いを寄せて、「自分だったらどれほど苦しいか」とわが身に置き換えて想像し、「かわいそう」「気の毒に」とあわれみの感情を抱くのは何も特殊なことではなく、脳科学的に考えてもごく自然のプロセスと考えられる。

そうだとすれば、「かわいそう」という脳内の反応でとどめるか、そこからあと一歩、先に進んで「何とかしよう」と手を差しのべるか、そこにはほんの少しの違いしかないということにもなる。いや、逆に「かわいそう」「私も胸が痛む」と感じながら、何もせずにその脳内の感情をなかったことにするほうが、処理のプロセスとしてはよほどたいへんだと考えられる。

「かわいそう」という感情が生じたら、その感情を自分の中で軽くするためにも、手を差しのべるという行動に出るほうがよほど簡単なのではないだろうか。その〝簡単な処理〟こそが、「救うことが好き」という気持ちの本質なのだと思う。

そうしても、何も見返りはないことは知っているのに、救うことが好きだから救っている。

その説明不可能の行為になんとか合理的な理由をつけ、自分で納得したいがために、私たちはこれまで長い時間をかけて、宗教や道徳や倫理を作ってきた。そう考えることはできないだろうか。

# おわりに

いま、世界でもっとも注目されている指揮者に、1981年生まれのグスターボ・ドゥダメルがいる。ベネズエラのドゥダメルは音楽家の両親のもとに生まれ、幼い頃から音楽教育を受けるが、地元の名門校に通ったわけではない。

彼は「エル・システマ」というユニークな地元の音楽プログラムに参加していた。これは「芸術文化が裕福な一部の人間だけに享受されてはならない」という信念のもとに、経済学者で音楽家のホセ・アントニオ・アブレウ博士が設立したものだ。アブレウ博士は「音楽は不幸を希望に変える」「奏でて戦う」というモットーのもと、とくにストリートチルドレンや麻薬密売に携わった子どもを無償で活動に参加させた。彼らが中心となって作られている「シモン・ボリバル・ユース・オーケストラ・オブ・ベネズエラ」

は高い水準を誇り、世界の音楽祭などから招かれている。

　ドゥダメル氏自身は貧困家庭の出身ではなく、家庭環境や才能にも恵まれてどんどん頭角を現し、18歳でこのユース・オーケストラの音楽監督に就任した。その傑出した能力はすぐに世界から注目され、2004年に第1回グスタフ・マーラー国際指揮者コンクールで優勝すると、ロス・フィル、ベルリン・フィルなど世界の一流オーケストラとの共演が多くなる。

　しかしドゥダメル氏は、自分自身がステップ・アップすればするほど古巣の「エル・システマ」が実践していた「社会的公正」や「若者への音楽教育」への思いを強くし、ついに2012年、自ら「ドゥダメル財団」を設立するに至った。14年秋にはウィーン・フィルとともに来日することが決まっているが、そのときも日本の若手音楽家にウィーン・フィルの首席奏者が指導する「マスタークラス」や、中学・高校生を対象とした「青少年プログラム」を提供する予定だ。

　〝若き天才〟の名をほしいままにし、世界を飛び回る超多忙のドゥダメル氏は、なぜここまで「教育」や「社会的公正」にこだわるのか。2013年にミラノ・スカラ座とともに来日した際、彼はインタビューでこう答えている。

育てているとは思っていません。創造することで相互的に前進しているのです。わたし自身がそのような環境下で成長してきましたのでただ自然の流れに沿っているだけでしょうか。

（日本舞台芸術振興会ホームページより）

もちろん、彼の中をさらに探れば、社会的公正や恵まれない子どもや若者への教育という実践の背景には、自覚できたりできなかったりするいろいろな理由や思いがあるはずだ。しかし、それをただひとこと「自然の流れ」と言い切れる潔さが、ドゥダメル氏の活動を支え、周囲の人たちをも動かしているのだ。

私たちは戦後、長い時間をかけて、この「自然の流れ」である「社会的弱者の救済」にさまざまな理屈づけ、理論武装をしようとしすぎてきたのかもしれない。だからこそ、それは新しい強烈な理屈である新自由主義経済に敗北しようとしているのではないか。

ここで再び、私たちは「弱い人や困っている人を救う？　ああ、それは自然で当然のことじゃないですか。理由なんて何もないですよ」とさわやかに言い切る覚悟を持てるかどうか。私は、人が人である限り、それは必ず可能だと信じている。

このむずかしいテーマを示唆し、途中で何度も挫折しそうになった私にいつも手を差しのべてくれたのは、今回も幻冬舎編集部の小木田順子さんであった。この場を借りて彼女への心からの感謝を伝えたい。

14年秋には、ドゥダメル氏の日本公演が予定されている。来日の際には、「日本もやっぱり社会的公正を大切にする国になりつつありますよ」と伝えられるようになっていることを心から祈りつつ、筆をおくことにしよう。

２０１４年４月

香山リカ

## 著者略歴

### 香山リカ《かやまりか》

一九六〇年、札幌市生まれ。東京医科大学卒業。精神科医。
立教大学現代心理学部映像身体学科教授。
豊富な臨床経験を活かし、現代人の心の問題のほか、
政治・社会批評、サブカルチャー批評など幅広いジャンルで活躍する。
『スピリチュアルにハマる人、ハマらない人』『しがみつかない生き方』
（ともに幻冬舎新書）、
『悲しいときは、思いっきり泣けばいい』（七つ森書館）、
『新型出生前診断と「命の選択」』（祥伝社新書）、
『ひとりで暮らす　求めない生き方』（講談社）など著書多数。

幻冬舎新書 344

# 弱者はもう救われないのか

二〇一四年五月三十日　第一刷発行

著者　香山リカ
発行人　見城　徹
編集人　志儀保博
発行所　株式会社　幻冬舎
〒一五一―〇〇五一　東京都渋谷区千駄ヶ谷四―九―七
電話　〇三―五四一一―六二一一（編集）
〇三―五四一一―六二二二（営業）
振替　〇〇一二〇―八―七六七六四三
ブックデザイン　鈴木成一デザイン室
印刷・製本所　中央精版印刷株式会社

検印廃止



Printed in Japan　ISBN978-4-344-98345-8 C0295
か-1-5

幻冬舎ホームページアドレス http://www.gentosha.co.jp/
＊この本に関するご意見・ご感想をメールでお寄せいただく場合は、comment@gentosha.co.jp まで。

# 幻冬舎新書

香山リカ
## スピリチュアルにハマる人、ハマらない人

いま「魂」「守護霊」「前世」の話題が明るく普通に語られるのはなぜか？　死生観の混乱、内向き志向なども通底する、スピリチュアル・ブームの深層にひそむ日本人のメンタリティの変化を読む。

香山リカ
## イヌネコにしか心を開けない人たち

いい大人がなぜ恥ずかしげもなく溺愛ぶりをさらしてしまうのか？　イヌ一匹ネコ五匹と暮らす著者が「人間よりペットを愛してしまう心理」を自己分析。ペットブームの語られざる一面に光をあてる。

香山リカ
## しがみつかない生き方
「ふつうの幸せ」を手に入れる10のルール

資本主義の曲がり角を経験し人々は平凡で穏やかに暮らせる「ふつうの幸せ」こそ最大の幸福だと気がついた。自慢しない。お金、恋愛、子どもにしがみつかない――新しい幸福のルールを精神科医が提案。

香山リカ
## 世の中の意見が〈私〉と違うとき読む本
自分らしく考える

情報が溢れる現代社会、自分の意見を持って、ふりまわされずに生きていくにはどうするか？　世の中で意見が分かれる悩ましい問題を題材に、自分なりの正解の導き方をアドバイスする思考訓練の書。